海上丝绸之路大冒险

第二部

马六甲海峡的海盗

王军 等著

哈尔滨工业大学出版社

内容简介

奇奇和翔龙告别南海的朋友们继续旅行,他们在饱览了一番东南亚旖旎的热带海洋风光后,决定穿过狭窄深邃的马六甲海峡前往印度洋。

在穿越马六甲海峡的路上,他们遇到了一伙自称是海盗的海洋生物,领头的是一条长相异常凶恶的大海蛇,而他们的团伙就叫海蛇帮。

当海盗们得知奇奇和翔龙竟然要循着大英雄郑和的航海路线探险时,海盗头领忽然勃然大怒,不仅要把翔龙和奇奇抓起来祭拜祖先,还要夺走他们的地图。慌不择路的奇奇和翔龙逃跑中,进入了一片迷宫般的红树林,红树林里,他们遇到了一位据说无所不知的老奶奶——海蛇娘。

那么海蛇娘将会向他俩讲述一个怎样离奇的故事?海蛇帮头领的祖先到底和郑和有什么关系?他为什么如此痛恨翔龙和奇奇?奇奇和翔龙又能否逃过强盗们的追捕,顺利通过马六甲海峡呢?一切的谜团都将在第二部中一一解开。

图书在版编目(CIP)数据

马六甲海峡的海盗/王军等著. - 哈尔滨:哈尔滨工业大学出版社,2017.3
(海上丝绸之路大冒险)
ISBN 978-7-5603-6019-5

Ⅰ.①马… Ⅱ.①王… Ⅲ.①儿童文学-中篇小说-中国-当代
Ⅳ.①I287.45

中国版本图书馆CIP数据核字(2016)第102708号

策划编辑 闻 竹
责任编辑 王晓丹 张 瑞
插 图 蒲 怡
出版发行 哈尔滨工业大学出版社
社 址 哈尔滨市南岗区复华四道街10号 邮编 150006
传 真 0451-86414749
网 址 http://hitpress.hit.edu.cn
印 刷 哈尔滨经典印业有限公司
开 本 787mm×1092mm 1/16 印张10.5 字数80千字
版 次 2017年3月第1版 2017年3月第1次印刷
书 号 ISBN 978-7-5603-6019-5
定 价 29.80元

(如有印装质量问题影响阅读,我社负责调换)

《海上丝绸之路大冒险》编委会

主　任：王　军

委　员：孟昭荣　　　　　　　　　鲁海娇
　　　　(哈尔滨幼儿师范高等专科学校)　　(北京市昌平第二实验小学校)

　　　　陈　泽　　　　　　　　　何　萍
　　　　(哈尔滨市第五十八中学校)　　　(河北省廊坊市香河县第一中学校)

　　　　叶春晓　　　　　　　　　丁　健
　　　　(哈尔滨市第三十二中学校)　　　(深圳市南山中英文学校)

　　　　郑　也　　　　　　　　　陈淑华
　　　　(辽宁省葫芦岛市实验中学校)　　(哈尔滨市第一二二中学校)

目录

一、绊脚的怪"石头"和漂浮的圆"木头"/1
本节知识小贴士　　古国占城/14
奇奇海洋知识千千问　鲨是一种鱼吗？翻车鱼有多奇特？/14

二、穿越马六甲海峡/16
本节知识小贴士　　泰国湾/31
奇奇海洋知识千千问　海苹果是海里树上结的果实吗？/31

三、拦路的海盗/33
本节知识小贴士　　黄金水道马六甲海峡/45
奇奇海洋知识千千问　你知道郑和下西洋的"西洋"是什么地方吗？/45

四、迷失在红树林迷宫/47
本节知识小贴士　　海里的森林——红树林/58
奇奇海洋知识千千问　比目鱼的眼睛天生就长在一边吗？/59

五、自称可以预知未来的海蛇娘/60
本节知识小贴士　　判断蛇类的年龄/72
奇奇海洋知识千千问　真的有会上树的鱼吗？/73

六、无所不知的海蛇娘的故事/74
本节知识小贴士　　营养丰富的海蛇干/83
奇奇海洋知识千千问　外表迟缓的鸡心螺有多可怕？/83

七、沉没海底的海盗船/85
　　本节知识小贴士　　郑和下西洋的宝船/94
　　奇奇海洋知识千千问　郑和的船队真的在马六甲海峡遇到过海盗吗？/95

八、沉船下隐秘的暗道/97
　　本节知识小贴士　　郑和到过的东南亚国家/108
　　奇奇海洋知识千千问　可爱的小猪鱿鱼有多萌？/109

九、阴魂不散的追击者/110
　　本节知识小贴士　　可怕的海啸/121
　　奇奇海洋知识千千问　烛光鱼为什么会发光？/121

十、谁勇敢谁是强者/123
　　本节知识小贴士　　亲如家人的泰国大象/133
　　奇奇海洋知识千千问　海蛇的毒液有多毒？/134

十一、陷入绝境/136
　　本节知识小贴士　　有趣的大象节/146
　　奇奇海洋知识千千问　现实中海鳗和海蛇谁更厉害？/146

十二、胜利大逃亡/148
　　本节知识小贴士　　马六甲海峡之畔的狮城/160
　　奇奇海洋知识千千问　谁是真正的海盗？/161

一、绊脚的怪"石头"和漂浮的圆"木头"

按照地图,郑和的船队横越南海后首先到达的是一个叫占城(今天越南的归仁港)的地方,翔龙和奇奇打算去游览一下,毕竟这是大英雄郑和出海后第一个到达的异国地方嘛。

"不知道这个叫占城的地方会是什么样呢?"奇奇对这个叫占城的港口充满了向往。

"我想肯定是个超级美丽的地方,要不然大英雄郑和干吗把第一个去的地方定在这里呢!"翔龙和奇奇一样,也对这个地方充满了莫名的好感。

实际上,占城港是否真的是郑和的船队第一个到达的异域地方翔龙也不清楚,他看地图上的航线是这么标的,就随口一说,没想到还真被他说中了。

占城港在南海的西岸,历史上就是通往爪哇海和马六甲海峡的交通要道,到今天更是一片繁忙的景象。远远望去,奇奇和翔龙就看见港口停着许多长得几乎一眼望不到头的远洋巨轮,可比设陷阱抓捕翔龙的那条偷渔船气派多了。

对于巍峨如冰山般的万吨巨轮,奇奇和翔龙都有些畏惧，他俩心照不宣地绕道而行，想找个离巨轮远些的地方，看一眼大英雄郑和船队曾经停泊过的港口。

可是这样一个小小的愿望好像也并不是那么容易实现的：港口附近有许多小型的渔船，它们随着波涛起伏，一张张抛撒的渔网像一只只张开大嘴的怪兽，无情地罩向蔚蓝的海面，每一次收网都会有一些无辜的"海洋居民"永远失去自由。

看见抛撒的渔网，翔龙不由得想起了自己刚刚可怕的经历。"我们还是快些离开这个地方吧。"他很坚决地说道，一步也不愿朝前走了。

"好吧，我想前边有趣的地方还多着呢，我们去游览其他地方吧。"奇奇也不喜欢眼前这危机四伏的场景。

他俩正要转身离开，搅起的水花恰好被一艘驶过的渔船上的捕鱼人看见了。"哈——好大的两条鱼啊，今天的运气真不错。"他兴奋地嚷道，干黄的脸上胡子拉碴的，一看就很凶恶。

这样难得的机会捕鱼人可不会错过，他立刻撒开手中的大网，朝奇奇和翔龙罩了过去。

"奇奇，快跑。"翔龙用眼角的余光扫到了朝他俩飞来的大渔网，便立刻大喊道。

没有心理准备的奇奇被翔龙的叫声吓了一跳,他下意识地一回头,只见一张大网正向他和翔龙的头顶罩过来。"啊——"奇奇惊慌地叫了一声,使出全身的力气猛烈地摆动尾巴,箭一般地朝前游去。

虽然捕鱼人抛网非常快,但是奇奇和翔龙的动作更快——他俩成功逃脱了凌空下落的渔网,网的边缘从翔龙的尾部擦过,真是太危险了。

见渔网竟然没有网住两条"大鱼",捕鱼人有些意外,这时他才看清水面下快速游动的两条身影——一个是一只好看的小海龟,另一个是自己从来没见过的怪鱼。

"我一定要抓住你们,整个港口谁不知道我阮老黄的厉害。"原来捕鱼人叫阮老黄,这个难听的名字倒是和他那张好像得了痨病似的烟熏的黄脸皮很般配。

附近的渔船也发现了这边的情况,他们纷纷加入了追捕的队伍。只见一个个马达发出怪叫,一张张渔网蓄势待发,随时准备向翔龙和奇奇袭来。

"快,我们快潜入深水。"机灵的翔龙一看情况不妙,立刻向奇奇发出指令。好在海港的水足够深,他和奇奇几个加速就成功潜入了幽蓝的深水之中,消失在捕鱼人的视线之外了。

"天哪,这些人可真可怕。"潜游在深水之中的奇

奇看着头顶来回游弋搜寻的渔船，心有余悸地说道。

"是啊，好在咱们够聪明、机灵，跑得又快，要不然今天就惨啦。"翔龙嬉笑着说，"这么惊险的时刻你还有心思开玩笑。"奇奇也笑了。

这个意外扫了他俩继续游览占城港的兴致，两个小伙伴决定立刻离开这个危险的地方。

"我们绕过这块海岬，到泰国湾去游玩吧，听说那里的海湾风景秀美，人也特别热情善良。"翔龙看着地图，指着航线前方一块缩进陆地的海湾道。那里古时候被称为暹罗，郑和的船队离开占城后下一站的目的地就是那儿。

"真的吗？你怎么知道的啊？"奇奇从刚才可怕的经历中回过神儿来问道。

"嘿嘿，我也是偶然听别人说的，总之你相信我就是啦。"翔龙又开始大包大揽，好像天下没有他不知道的事情一样。实际他是在繁育基地听自己的饲养员说的，饲养员是个很虔诚的佛教徒，有一次和同事讨论去风光旖旎的泰国休假，恰好被翔龙听见了。

奇奇对翔龙的话深信不疑，两个好朋友沿着海岸线前进，一直绕过了一个弯度很大的海岬，按照图标的指示，美丽的泰国湾就在前方了。

忽然前方的海底出现了一大片平坦的沙地，沙子

洁白细软,如果不仔细辨认,还以为是一大堆绵软甘甜的白糖被抛撒在海底。

"哇——多美的沙地啊,看着真想在上面痛痛快快地打几个滚。"奇奇好玩的心性被洁白的细沙勾了起来,他真想立刻躺在上面。

"是啊,真美!奇奇,我给你表演一个节目怎么样?"翔龙也被美丽的沙地所吸引,为了让奇奇彻底忘记刚才的不愉快,他决定给奇奇表演一项自己拿手的本领。

"好啊,什么节目啊,好玩吗?"见翔龙愿意给自己表演节目,奇奇兴奋地问道。

"嘿嘿,当然好玩啦,不仅好玩还很精彩呢,看我的'海底沙上飘'轻功。"说着,只见翔龙像人一样用两后肢站在细软的白沙上,然后身体略微前倾,脖子使劲向前伸着,接着两前肢拼命划水,推着他像风一般刮过白沙地。

"翔龙,你真是太厉害了。"奇奇没有想到看起来身子有些笨拙的翔龙还有这样的本领,一时惊讶得差点下巴颏都掉了。

奇奇不知道,这是翔龙在电视上学的。翔龙的饲养员是个超级武侠迷,没事就喜欢看各种武侠电影,这个时候翔龙就会安静地卧在他的脚边,专注地看着画面

海上丝绸之路大冒险

里那些武功高强的大侠。翔龙可羡慕那些飞檐走壁的大侠了,总想着要是自己也有这样的本领就好了,可是他沉重的身体在陆地上是无论如何都做不到的,但是回到水里,翔龙立刻就发现自己也可以身轻如燕,能够在水中像那些大侠一样"飞行"了。

奇奇的赞美让翔龙表演得更加卖力了,只见他快速倒腾着两只蹼足,同时张开前肢保持身体的平衡,然后高速在平滑的沙地上移动,真的像是在踏浪而行。

就在翔龙有些扬扬自得的时候,脚下踩到了一块圆滑的东西,保持不了身体平衡的他大头朝下径直向前方俯冲了出去,结结实实地摔了个嘴啃泥。

鲎

"谁啊,没事在路上挡道绊人玩儿。"翔龙摔得很狼狈,这让他有些恼火。

奇奇赶紧游了过去,关心地问道:"你没事吧?"他刚才正看得开心,完全没想到会发生这样的意外——今天的意外可真是一出接着一出啊!

"哎哟——嗯,我没事。"翔龙站起来晃了晃脑袋,甩了甩胳膊,虽然觉得好几个地方都有些疼,但为了不让奇奇担心,还是忍着没有说。要不是海沙细软又厚实,这一跤可够他受的。

他俩一起向刚才翔龙经过的沙地望去,只见一片细软的白沙里,一个黄褐色圆圆的东西露在外面,很像一块圆圆的石头。

"可恶的石头,哎哟——"生气的翔龙上前照着"石头"猛踢了一脚,没想到"石头"还挺硬,硌得他脚尖生疼,直抱着一条腿在沙地上跳啊跳的,像是在踩高跷。

"呀——翔龙,石头会动呢。"可能是被翔龙惊动了,圆"石头"竟然在细沙里移动起来,这把正盯着它看的奇奇吓得赶紧后退了好几步。

"什么,石头会动,还有这么奇怪的事?"翔龙不信,他忍着脚疼转过身,发现圆"石头"果然在缓慢移动,覆盖的白沙慢慢地从黄褐色的"石面"上滑落,"石头"快要完全露出来了。

两个好朋友都屏住呼吸,生怕惊动到圆"石头",不知道又有什么可怕的事情会发生。

等到圆"石头"完全露出来,奇奇忽然发出一声欢呼:"哈——是一只鲎啊,老朋友,你也是出来旅行的吗?"奇奇热情地迎上去打招呼。

"鲎?!什么是鲎?你们见过?"翔龙没想到结果会是这样,下意识地问了一句。

"你是谁?我又不认识你。"躲在白沙里睡觉的"圆石头"确实是一只鲎,只见他拖着一条猪尾巴似的细长尾巴,打量了一下奇奇和翔龙,表情很是冷淡。

"你不认识我了?我们在长江的入海口见过面,我还和你说过话呢。"奇奇并不气馁,他兴奋地绕着鲎锅盖似的身体转了好几圈,要知道,鲎可算是他来到大海后见到的第一个海洋生物呢。当然,要不是自己对鲎好奇,也不会和妈妈他们失散了。

"什么长江,我从来没去过。"对于奇奇的热情鲎并不领情,像奇奇第一次遇到的情况一样,鲎拖着滑稽的小尾巴慢腾腾地爬走了,准备另外找一个安静的地方继续睡他的大觉。

奇奇这个时候也发现自己认错了,眼前的这只鲎好像比自己在长江入海口遇到的那只颜色深一些,本来嘛,海里的鲎又不是只有一只,何况以他们慢腾腾的爬行速度,比自己和翔龙还早到达这里更是不可能的。

虽然对方没有搭理他,但是奇奇看见鲎还是感觉很亲切,因为他有些想家了。大家都还好吧,奇奇心里想。

"奇奇,你是不是想家了?"翔龙看奇奇盯着鲎渐渐离去的背影好像有些失落,他贴心地问道。

"啊——没……没有啊,旅途的风景这么优美,和你在一起又特别开心,有什么好想家的啊!"作为一个未成年的中华鲟,想家也很正常,不过奇奇还是想让自己表现得更坚强一些。

"你没有见过鲎吗?"奇奇想岔开话题,他忽然想起刚才翔龙的奇怪反应,随口问道。

"啊——开玩笑,我这么大一个王牌航海家,怎么会没有见过鲎这种很普通的海洋生物呢?我只是刚才眼睛被摔花了,没看清,没看清而已。"翔龙不好意思承认自己没见过鲎,这样他这个所谓的资深航海家不就要露馅了吗?只好打着哈哈说没看清。

好在奇奇不再追问了,翔龙才偷偷松了一口气,心里想:"好险啊,差点就出糗了。"

经过这个有趣的意外,两人都把在占城港的不愉快完全抛在了脑后,他们开开心心地继续向着度假者心目中的天堂——泰国湾前进。

刚游了没多远,翔龙又有了新的发现:"快看,水面上漂着一块很大的圆木头。"

"是啊,真的是一块很大的圆木头,好像还在扇动翅膀呢。"奇奇也看见了,不过他的话好像有些逻辑上的错误:木头怎么还会长着翅膀呢?

强烈的好奇心促使着两个好朋友上前一探究竟,不过为了防范不可预知的风险,他俩都小心翼翼的。

游到近前才发现,漂浮在水面的"圆木头"并非真的是一块木头,而是一个模样超级奇怪的大鱼,只见他扁圆的身子,好像只有大脑袋没有尾巴。此外在他身体的两侧还对称长着一对大翅膀似的超大鱼鳍,正在不紧不慢地扇动着。

"这是什么鱼啊,怎么长得这副怪模样?"奇奇是个懂礼貌的好孩子,他不好意思说怪鱼丑,只好说人家模样长得怪。

"这……这条只有头的怪鱼我也不认识。"翔龙难得说了实话,他是见这条怪鱼的模样实在是太怪了,万一说错了自己假航海家的老底可能就要被揭穿了。反正海洋这么大,新物种成千上万,有几个不认识的也很正常。

"我们去问问他吧。"奇奇远远地绕着怪鱼小心地观察了一番,他见对方个头虽然庞大,但是嘴巴却很

小,简直可以说是樱桃小嘴,凶猛的食肉鱼可不会长着这么小巧的嘴。这会儿他的行为也很奇怪:侧着身子,将扁圆的身体浮在海面上,似乎在晒太阳,嘴巴还不时舒服地一张一合。

"你确定没有危险?"翔龙见怪鱼个头很大,多少有些担心。

奇奇用行动回答了他的问题,只见奇奇径直游到怪鱼的前方,很有礼貌地问道:"你好,我是中华鲟奇奇,请问你是谁啊?你这是在干什么呢?"奇奇不愧自己的名字,一下就问了两个问题。

怪鱼见有人和自己说话,懒洋洋地略微侧翻了一下臃肿的身子,用圆圆的小眼睛打量了一下奇奇,然后慢腾腾地说道:"中华鲟奇奇?从来没听说过。我是一条翻车鱼,我正在晒太阳呢,我喜欢这样侧着身子晒太阳,暖融融的感觉可真舒服。"

翔龙见奇奇和怪鱼说话并没有什么危险,也放心大胆地游了过来,翻车鱼好像认识他,瞟了一眼不以为然地说道:"哦——还有一只小海龟啊,今天可真热闹。"

翔龙见对方竟然认识自己,他诧异道:"你认识我?"

翻车鱼鼻子里哼了一声道:"认识一只小海龟又不是什么大不了的事,有什么好大惊小怪的。大海里到处都是海龟,再说你们的模样都长得差不多,看见一只

海龟就等于认识了所有的海龟嘛!真扫兴,想晒个太阳都不能清净,我得换个地方。"说完他慢腾腾地摇着翅膀似的鱼鳍游走了,好像有些不高兴奇奇和翔龙打扰了他晒太阳。

马六甲海峡的海盗

奇奇见翻车鱼见多识广,有许多问题想问他,比如他有没有见过自己的妈妈和兄弟姐妹们。"翻车鱼先生,翻车鱼先生!"他赶忙跟在后面追着喊,可是翻车鱼虽然慢,但头也不回地游走了,临走的时候还有些不高兴地冲着他俩翻了翻白眼。

古国占城

占城，位于中南半岛的东南部，历史上也是一个古国的名称，现在指越南的归仁港。从秦汉时期起，占城在我国的古籍中就有所记载，称为象林邑，简称林邑。在明朝永乐年间，因为其地理位置的原因，郑和下西洋曾数次到达过占城，以增加补给、进行贸易。

鲎是一种鱼吗？翻车鱼有多奇特？

奇奇在长江出海口和南海两次遇到一种叫鲎(hòu)的奇特海洋生物，那么这种叫鲎的生物到底是怎样的一种海洋动物呢？它是一种海鱼吗？

鲎非常古老，是一种与三叶虫几乎同时代的动物。它们是海生节肢动物，所以并不属于鱼类。鲎的外形很奇特：身体呈青褐色或者暗褐色，由头胸部、腹部和剑尾3部分组成,整体看像一个拖着细长尖尾巴的大马蹄。它的别名也很多,有鸳鸯鱼、马蹄蟹等。但奇怪的是,它竟然和螃蟹没有任何关系,反而和陆地上的蝎子、蜘蛛以及已经灭绝的三叶虫有亲缘关系。

与鲎不同,翻车鱼则真的是一种鱼了,而且是一种长相特别奇怪的鱼。它们体短而侧扁,背鳍和臀鳍相对而且很高,尾鳍很短,整个看上去好像尾巴被人用刀切去了,只剩下个头,因此也称它们为"头鱼"。

这种模样古怪的鱼是翻车鲀科3种海洋鱼类的统称,它们最大可长到4米左右,重达2000多千克。翻车鱼可以说是地球上皮最厚的鱼,它们的皮可以厚达15厘米。

翻车鱼有个可爱而奇特的习惯,那就是它们总喜欢没事就侧翻着身体,平展着漂浮在海面上晒太阳,因为这个特性,人们也称呼它们为太阳鱼。至于为什么它们这么喜欢晒太阳,科学家的解释是阳光可以温暖它们的身体,从而帮助它们加速消化。

二、穿越马六甲海峡

奇奇和翔龙没想到刚出来不久就遇到这么多稀奇古怪的事,这让他俩都对前方的旅途充满了期待。

"不知道前面泰国湾还有什么有趣的东西呢?"翔龙一边轻盈地在清澈的海水中游动,一边扭头和身边的奇奇说话,他可真有些迫不及待想游览泰国湾了。

马六甲海峡的海盗

泰国湾当然有好玩的,他们刚游到近海附近,就看见前方沙滩边的浅水里,站着许多庞然大物,正欢快地在水中嬉戏。

"看,前边水里有许多长鼻子的怪物。"奇奇兴奋地喊道。

"嘻嘻,奇奇,他们可不是什么长鼻子怪物,他们是大象,人类非常喜欢他们,因为他们性情温顺,力气还特别大,可以帮助人类干许多活。"翔龙在电视上见过这些大个子,所以给奇奇解释道。

奇奇没有见过大象,因为在长江流域,除非在动物园,否则是不可能看见大象的。"哦——他们是大象啊,那他们也像我们生活在水里吗?"奇奇看这些超级肉乎的大家伙好像特别喜欢水,他们都只在海面上露出一个大脑袋,不时卷起鼻子朝空中喷水,有时候也互相喷着玩。

"他们生活在陆地上——大象是陆地上最大的动物,当然他们也很喜欢水,没事就喜欢在水里洗个澡。"翔龙对大象的习性很了解,耐心地给奇奇解释。

哦,原来是这样啊,奇奇第一次看见这些肉墩子一样的大家伙,觉得他们很有趣。他大着胆子游近了一些,想近距离看看这些长着有趣长鼻子的大象。同时他对学识渊博的翔龙也很佩服,心想翔龙果然不愧是资深

航海家,连陆地上的大象都认识。

大象有十几头,一些驯象人正站在他们城墙一般宽厚的背脊上,拿着一把把好像扫帚似的大刷子使劲在他们的身上擦拭。大象们好像很喜欢这样的服务,他们惬意地聚在一起,不时挤来挤去,时而还用灵活的长鼻子吸饱海水朝空中喷出快乐的水花。

"他们准备要干什么?洗澡就洗澡呗,干吗还要这么大费周章啊?"奇奇对关于大象的一切都很好奇。

这个问题可难住了翔龙,因为电视里可没演过这样的情景,不过他不想让奇奇对自己失望,于是猜测道:"可能他们要参加什么重要的活动吧。"翔龙这么说也不完全是胡说,因为他的饲养员每次参加重要活动之前,都会先把自己收拾得很精神,光在镜子前梳头就会用很长的时间,有次翔龙在旁边都不知不觉睡着了。也许这些大象的情况也差不多吧。

你还别说,真被翔龙猜对了,这些大象过几天真的是要参加当地一个非常重要的庆祝活动,所以他们的主人才会给他们梳洗打扮一番。在泰国,信奉佛教的老百姓都很喜欢大象,每逢重要节日或者庆典,他们都会把自家的大象精心装扮一番,那细心的程度就像对待一个家庭成员。要知道当年大英雄郑和的船队拜访暹罗古国的时候,迎接他们的也有这么一群披红挂彩、盛装打扮的亚洲象呢。

奇奇对翔龙的回答很满意,他又靠近了一些,想更清楚地看看这些有趣的大家伙。

可能奇奇的举动有些太莽撞了,他的行动被一头长着长象牙的大象发现了,只见他用灵巧的鼻子吸满海水,然后猛地向奇奇喷了过来,那威势很像一股从山川溅落的瀑布。

奇奇没有防备,被喷了一头一脸,强劲的水流还让他在水里翻了一个跟头,奇奇的狼狈样可乐坏了一边观看的翔龙,他有些幸灾乐祸地指着奇奇嘿嘿直乐。

无故被大象戏耍了一番让奇奇有些恼火,他在清澈的海水里快速游动了一圈,心里就有了回击的主意,只见他快速游到刚才朝自己喷水的大象前边,然后迅疾地一个急转身,姿势轻盈而美妙。就在翔龙不知道他想干什么,大象也有些发愣的时候,他猛地摆动尾巴拍击水面,扇子似的鱼尾带起一股水流竟溅了大象一脸。

"奇奇,快跑。"翔龙见奇奇竟然挑战大象,简直吓坏了,虽然这些大家伙平时脾气很温顺,可是他们一旦发起怒来,连汽车都可以轻易掀翻,更不要说还没有他们半条腿粗的奇奇了。

可是让翔龙没有想到的是,大象好像很喜欢这个

游戏,只见他又快速吸满了一鼻子海水,然后向奇奇喷了过去,同时发出一阵快乐的如同轮船汽笛般响亮的嘶鸣。

见大象不仅没有生气,反而很喜欢这样的泼水游戏,奇奇也来了劲,他使劲地扇动尾巴拍击海面,一股股清亮的水流扑向憨憨的大象。其他的大象好像也很喜欢这个游戏,他们纷纷加入战团,一时间奇奇"寡不敌众",完全处于下风,几乎要被大象们喷出的浪花淹没了。

"奇奇,挺住,我来帮你。"见大象们如此团结一致

对外,翔龙可不能在一边看热闹了,他也加入了战团,帮助奇奇抵抗大象们猛烈的浪花攻势。

几个驯象人看到这一幕感到很有趣,他们指指点点,嘻嘻哈哈站在一边看热闹,并没有加以阻拦。

这场战况激烈的"战斗"一直持续了半小时，直到结束梳洗工作的驯象人不断催促，大象们才依依不舍地迈着胜利者的步伐离水上岸，一路上还拉响着获胜的鼻笛。而不幸"落败"的奇奇和翔龙也没有丝毫的沮丧，因为他们从刚才的浪花大战中体会到了团结的力量和什么才是真正的友谊。

"嘻嘻，这个游戏真有趣，我喜欢。"看着大象们迈着稳健的步子，小山般的身影渐渐远去，翔龙有些意犹未尽。

和大象们的嬉戏让两个小伙伴的心情很好，他俩继续前进，准备前往连接太平洋和印度洋的一条非常重要的黄金水道——马六甲海峡。按照航线图，沿着泰国湾狭长的向前延伸的烤鸡腿形状的陆地走，就可以到达马六甲海峡了。

两个好朋友边欣赏沿途迷人的亚热带风光边赶路，可是游了很久，传说中的马六甲海峡依然没有出现。

"我们不会走错路了吧？"奇奇有些担心。

"不可能啊，我看了地图啊！"翔龙边说边把地图拿出来确认了一下，没错，路线和方向都没有什么问题。

"我们还是找个当地居民问一下吧。"奇奇提议道。

马六甲海峡的海盗

　　翔龙同意了,他俩四处张望,准备寻找一位当地居民问问路。他俩的运气不错,很快就有一条身体椭圆、浑身明艳橘黄色的鱼儿出现在他俩的视线里。

　　"朋友,"奇奇赶紧游了过去,"请问到马六甲海峡怎么走啊?"

　　"向前向前,一直朝前走就到了。"这条鱼儿是一条羊鱼,他好像有急事,不耐烦地匆匆朝前比画了一下就溜了个无影无踪。

　　奇奇还想问得更详细些,可是羊鱼早就没了踪影,

羊鱼

这时翔龙游到奇奇身边说道:"怎么样,我说得没错吧,我们只要顺着海岸线朝前一直游就对了,我们快些走吧。"

奇奇想想也是,既然刚才那条鱼都说一直向前就到了,再问更多的人也没有必要,所以他点点头道:"好吧。"

两个好朋友继续前进,在绕过一个很锐利的尖角后,陆地不再向前延伸,一片狭窄的水面出现在他俩的面前。

"我想我们到了。"翔龙又拿出地图比画道,因为航海图上的马六甲海峡也是一条很狭长的水道。

"哦——这就是马六甲海峡啊。"奇奇有些惊讶地张大了嘴巴,仔细地打量着前方的水域,看起来并没有什么特别的地方,只是海水幽蓝一些。忽然,天生感觉器官敏锐的奇奇有些异样的感觉,好像这条狭窄的水道有些阴森森的,这让他有了一丝不好的预感。

"别看了,我们快走吧,前边好玩的地方多着呢。"翔龙并没有多想,他很兴奋地催促奇奇。

两个好朋友游入海峡,刚走了没多远,宽阔的水面忽然变得狭窄起来,原本明亮的光线也变得阴暗晦涩,海底杂生的水草也被暗流激荡得如女巫长发般疯狂摇摆,这让翔龙和奇奇的心里都有些惴惴不安起来。

马六甲海峡的海盗

"我们还是找当地居民问问情况吧。"生性胆小的翔龙有些害怕，但是他又不好意思明说，于是就想出这个说辞——小心点总不是坏事嘛。

奇奇自然没有异议，于是两位好朋友又站在狭窄的水道里，东张西望寻找可以问情况的当地居民。

虽然两人头顶的水面不时有马达轰鸣的巨轮驶过，但是让人奇怪的是，他俩等了老半天，周围一个过路的海洋居民都没有出现，好像海峡里根本就没什么人住一样。

"奇怪，这地方不是很繁华的水道吗，怎么会没人经过呢？"奇奇一边自言自语，一边探头探脑向四周张望。

等了好久，前方终于出现了一个过路者的身影，只见他长相很奇特：胖嘟嘟的身体近乎四方形，更独特的是他大大的脑袋上竟然长着一对朝前伸的尖犄角，看起来很像牛犄角。

奇奇和翔龙看的没错，这条鱼的名字就叫牛角鱼，由他脑袋上那一对很像牛犄角的棘状突起而得名。

见好不容易来了一个过路者，翔龙和奇奇都赶紧热情地迎了上去，翔龙礼貌地问道："朋友，能问一下你这里的情况吗？"

谁知牛角鱼反应很冷淡，他斜了翔龙和奇奇一眼，

冷漠地说道:"不知道不知道,你们去问其他人吧。"说完也不等翔龙再说话,径直游走了,很快消失在黑黝黝的深海里。

翔龙和奇奇没想到是这样的情况,他俩都有些发愣,可是更让他俩意想不到的情况还在后面:接下来他们又问了好几个过路者,可是对方不是摇摇头说不知

牛角鱼

道,就是干脆理都不理,直接给他俩一个后脑勺。

奇奇和翔龙都没有预料到这样的局面,他俩大眼瞪小眼,一时都不知道该怎么办了。

"要是还在南海就好了。"奇奇忽然叹了一口气,幽幽地说道。

翔龙没有说话,但是他心里明白:奇奇是想念家乡海洋里那些热情助人的同伴了。实际上何止是奇奇有所怀念呢,他现在也很想念那些热心的好朋友,自己不就是他们齐心协力从捕鱼人的渔船里救出来的吗?

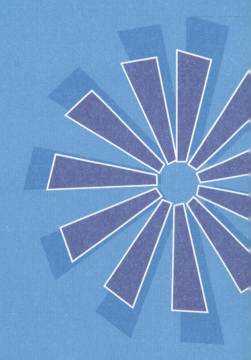

不死心的他俩又等了一会儿,好不容易又来了一对燕翅鱼,看起来好像是哥俩,奇奇和翔龙赶紧迎了上去。

"请问可以告诉我们这里的情况吗?"奇奇很有礼貌地问道,旁边的翔龙眼睛里也充满了期待地望着他们。

两条燕翅鱼停下脚步上下打量了他俩一番,见是两个从外地来的,看起来像弟弟

的燕翅鱼刚想开口说话,旁边很有些哥哥派头的燕翅鱼就催促道:"快走快走,爸爸说现在外面不太平,让我们不要多管闲事。"说着他推推搡搡地就把弟弟拉走了。

这下翔龙和奇奇可真是有些无计可施了,他俩只好自己摸索着向前走,一边走翔龙一边生气地嘟囔道:"有什么啊,不说就不说,我们自己也能通过这里,

燕翅鱼

马六甲海峡的海盗

难道海峡里还有可怕的怪物不成。"话是这么说,不过说到怪物,他还是有些心虚地转头看了看周围有些阴森的环境。

这时海面上好像起风了,快速移动的浮云和不时驶过的巨轮交替遮挡着射向海里的阳光,让海峡的深处忽明忽暗,平添了一丝阴森恐怖的气氛。

"可真有些吓人,奇奇,你害怕吗?"看着周围变幻不定的阴影,明明是自己有些害怕,翔龙却问奇奇。

奇奇当然有点害怕啦,他老老实实地回答道:"有点,不过我想只要我们团结一心,什么困难都阻止不了我们。"经过这段时间的旅行,奇奇长大了不少,现在他已经不是那个刚离开长江口找不到

妈妈还想哭鼻子的中华鲟少年了。

奇奇的勇气也鼓舞了翔龙,他一想连奇奇都这么勇敢,自己这个爱吹嘘的资深航海家可不能掉链子,于是暗暗鼓足勇气,和奇奇一起向前闯去。

又前进了一段距离,海水更加阴暗了,奇奇忽然朝着前方某个地方惊奇地叫道:"快看,那是什么?"

顺着奇奇的视线,翔龙看见在前方几米远的海底有一块突兀的石块,把原本平整的道路隔成了如同横断山脉似的两块,而石块的下方,有一个五彩斑斓的"圆球"在滚来滚去,好像是想爬上石块。

"他长得可真好看。"奇奇自言自语道。

在他俩观望的时候,"圆球"仍在十分努力地想爬上大石头,可是石头的边缘离地面太高了,他试了好几次都没有成功,有次爬到一小半摔了下来,骨碌碌打了好几个滚。

热心的奇奇不忍心再让"圆球"白费力气,在对方开始再一次尝试的时候,好心的他游了上去,然后用尖尖的脑袋顶着"圆球"的底部把他托了上去。

"谢谢你。"刚在大石块上站稳,那个"圆球"就开口感谢道。

"不用谢,你长得可真漂亮,请问你叫什么啊?"奇奇充满好奇地问道。

"我叫海苹果。""圆球"很平静地答道。

泰国湾

泰国湾，旧称暹罗湾，在太平洋的最西端，位于南海西南部。从地图上看，泰国湾与南海主海形成一个小写的"y"字形。沿岸国家有泰国、柬埔寨和越南。郑和的船队从越南的归仁港出发后，沿着海岸线一直航行，绕过越南金瓯角，就进入了泰国湾。

海苹果是海里树上结的果实吗？

首先，海洋里是没有类似于陆地上果树一类的植物的。有时候我们会把一些树状的珊瑚叫作珊瑚树，但它们可是不折不扣的动物变的，是无数只珊瑚虫死亡后尸体钙化形成的。当然海洋里确实也有许多植物，但基本以一些低等的藻类为主，如蓝藻和绿藻等，

高等的植物则以种子植物为主，如海岸沿岸的红树林等。

说到海苹果，它们的真实身份实际是一种又圆又大的海参。海苹果的身体呈卵形，体长在10厘米左右，在口部的周围有许多触手，用来捕食海水中的浮游生物。它们的脚呈管状，可以贴着海底缓慢移动，有黄色、粉色或者橘红色等各种艳丽的颜色。

我们都知道海参在遇到敌人的时候会吐出内脏来迷惑敌人，但是海苹果不会这么做，一般它们都会主动避开鱼类，因为鱼会啄食它们的触手。

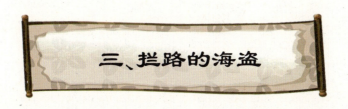

三、拦路的海盗

"嘻嘻,你叫海苹果啊,这个名字可真有趣。"听到这么奇怪又好玩的名字,翔龙不由得笑了起来,苹果的滋味他可尝过,又甜又脆。

"不知道你这个海里的苹果味道怎么样?"翔龙嘻嘻哈哈地开玩笑道。

因为如愿爬上了大石块,海苹果的心情也不错,他上下打量了一下奇奇和翔龙,问道:"你们是从外地来的吧,我好像没有见过你们。"

"是啊,我们是来旅游的。"听海苹果话里的意思他是当地居民,想到这里奇奇很开心地答道。

"真羡慕你们,可以到处旅游,我就不行了,上个大石头都这么费劲,根本无法出远门——到现在我都没有走出过这道海峡呢。"海苹果的话里有着明显的遗憾。

"朋友,能跟你打听一下海峡里的情况吗?我们想通过这座海峡,到前边的印度洋去。"奇奇抓住机会赶紧问道。

"说吧,你们想知道什么?只要我知道的,一定告

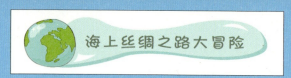

诉你们。"海苹果虽然动作慢腾腾的,不过说话倒是很干脆。

"我们就是想知道这座海峡里是否安全?"翔龙说话开门见山。

"这个……应该还安全吧……不过,你们也应该加点小心。"海苹果说这话的时候有些犹豫,好像在思考怎么说。

"那到底是安全还是不安全呢?"翔龙被他犹豫的神情给闹糊涂了。

"如果你们只是普通的游客,应该是安全的,不过……"海苹果的表情很奇怪,说话欲言又止,好像刻意在回避什么。

"不过什么？"翔龙和奇奇一起追问。

"啊——没什么，你们快点走吧，前边的路还长着呢，天色晚了走路就不方便了。我也累了，想找个地方休息一会儿。"说着，海苹果慢慢爬向石块间一道很深的石缝。"不过朋友们，你们一定要当心些啊。"他又不放心地叮嘱了一句后便彻底消失在黑洞洞的石缝间了。

这倒把奇奇和翔龙彻底搞糊涂了，老是要他们小心，可是到底要小心什么啊，他又不肯明说，真是吊胃口，两人一边议论刚才的事情一边向前走去。

"你不觉得海苹果老弟刚才的反应有些奇怪吗？"翔龙问道。

"是啊，我也有这种感觉，他好像有什么事瞒着我们。"奇奇答道。

可是到底海苹果想隐瞒什么呢？两个小伙伴想破了脑袋也没想明白，最后他俩干脆不想了，可能善良的海苹果只是好意吧，不希望他俩太担心而已。

他俩继续沿着海峡向前走，为了不让目标过于显眼，两人特意沿着海峡底部的一侧悄悄前进。可是走了很长一段距离，海峡里依然风平浪静，这让他俩紧张的心情逐渐放松起来。

"哈——我就说嘛，哪会有什么问题啊，肯定是海苹果老弟的胆子太小了，没有出过远门，没见过世面。"

情绪一放松,翔龙又兴高采烈起来,他跳到视野开阔的水道中央大声嚷嚷道。

"嘘——你小声点。"奇奇跟了过来提醒道,"你忘了海苹果的叮嘱了?"

"嘿嘿,根本就没事,不信你看——"说着他把两只前肢拢到嘴边做成喇叭状,然后大声喊道,"哎——我们是翔龙和奇奇,两个伟大的海洋探险旅行家,马六甲海峡——我们来啦——"他的声音又大又洪亮,在海峡间回荡,激起周围的水波也一阵阵轻微地颤动。

奇奇有些害怕了,他紧张地四处张望,生怕翔龙莽撞的行为给他们带来什么可怕的后果,可等到回声完全在海峡中消失,也没有什么意外出现,这才让他悬着的心放下来。

"哈——奇奇,我们来做个游戏吧,你快来追我啊!"翔龙一边兴奋地朝前游去,一边回头招呼好朋友。

"嘿——看你往哪儿跑,我追来了。"心情压抑了半天,奇奇好玩的心也被翔龙完全勾了起来,他尾巴一阵猛摆,在后面紧追不舍。

两个好朋友一个逃一个追,一会儿的工夫就跑出了很远的距离,不知不觉进入了一段更加狭窄幽深的水道。

翔龙光顾着加速向前游了,没注意看路,他的脑袋忽然撞到了一块非常有弹性而且感觉肉乎乎的东西,紧接着就被强大的弹力弹了回来,骨碌碌地在海水中接连翻了好几个跟头才勉强稳住了身体。同时,他的耳边传来了一阵明显带着痛苦的尖叫:"哎哟,撞死我了,谁走路这么不长眼睛啊?"

"坏了,撞到人了。"翔龙心中暗想,歉疚的他赶紧道歉道,"对不起对不起,都是我不小心,没有撞坏你吧?"实际他自己也被撞得够呛,脑袋还晕着呢,根本就没有看清撞到了谁。

"哼,撞坏我?你以为本大爷是面人儿啊。"对方好像很不服气,似乎翔龙的道歉冒犯了他。

翔龙这时头晕已经好多了,他聚拢目光朝对面打量,这一看不由心里咯噔一下,只见迎面站着一个身长体壮,有些像皇带鱼的家伙,只是比皇带鱼要小几号,正用凶巴巴的眼睛瞪着他。在他的身后,还有十几个家伙,像是他的跟班,也都正恶狠狠地盯着他。

"对不起对不起,都是我不小心,我光顾着和我的同伴做游戏了,没注意看路。"翔龙一看对方的阵势,知道自己惹不起,赶紧赔着笑脸一个劲道歉。

"哼——做游戏!小家伙,你心情不错嘛,没事到处瞎跑什么,这也就是撞到了本大爷,要是撞到了别人,

把人撞坏了怎么办，你赔得起吗？"对方一副教训小孩的口气。

翔龙听这口气，发现他根本没把自己放在眼里，有心想分辩几句，可是见对方人多势众，又怕惹上麻烦，只好忍着。

"你们是干什么的？"对方见他不说话，以为是怕了自己，口气更加猖狂起来。

"我们……我们是过路的。"翔龙本来想说是和同伴一起来环游世界的，不过想起海苹果的叮嘱，多了个心眼，没说实话。

"哦——过路的，不管怎么样，我们得先检查检查，没什么问题再放你们走。"对方的态度越来越蛮横。

"他们是谁？"这个时候奇奇赶了上来，看到眼前的场景，小声问道。

奇奇说话的声音很小，可是对面领头的似乎耳朵格外尖，他竟然听见了，只见他趾高气扬地说道："我们是谁？小家伙，站稳听好了，我们是这里的海盗，这里都是我们的地盘，本大爷行不更名坐不改姓，海盗的头领之一——海鳗肉头大爷是也。"领头的家伙似乎对他的身份很自豪，说话的时候嘴角都快要扬到天上去了。

听说对方的名字竟然叫肉头，翔龙和奇奇都差点没忍住笑出来,这时他们才注意到对方额头上有一个大大的鼓起的肉疙瘩,很像长了一个大肉瘤,叫这个名字实在很贴切。

　　海盗?!奇奇第一次听说。"海盗是干什么的?很厉害吗?"他见叫肉头的家伙一副目中无人的样子便偷偷地问翔龙。

　　"嘘——别说话。"翔龙的表情有些紧张,因为他在电视上看到过海盗,都是一群穷凶极恶、杀人越货的家伙。这个时候他突然想起了海苹果让他们小心的话,看来他早就知道这里有海盗了。

　　"在磨蹭什么,没听见我们肉头头领的话吗?快过来接受检查。"海鳗肉头身后一个跟班凶巴巴地说道,这个狐假虎威的家伙翔龙认识,他是一条浑身长满黑色条纹的海蛇。

　　不由分说,呼啦一下跳出来好几条长相各异的海蛇,他们把翔龙和奇奇团团围住,阴森恐怖的眼睛死死盯着两个小家伙,好像用目光就可以把他俩吞掉。虽然有一万个不情愿,但俗话说强龙难压地头蛇,在人家的地盘上,别人说什么你就得听什么,翔龙和奇奇只能接受海盗们的搜身。

　　"弟兄们,搜查得仔细点,给头领我长长脸,也不要让帮主他老人家操心。"大海鳗肉头怡然自得地在

旁边看着,神情很是倨傲。

"头领,你就瞧好吧,我办事你放心。"黑色条纹海蛇很会拍马屁,话说得让人听着很舒服。

听了海盗们的对话,翔龙和奇奇互相对视了一眼:原来他们还有一个帮主,不知道这个帮主又是什么样的一个家伙呢。

马六甲海峡的海盗

那个挑头搜查的黑纹海蛇果然很卖力气,只见他像口香糖一样贴着翔龙和奇奇的身体来回盘旋,查看得特别仔细,连一分一毫都不愿放过。奇奇被他蹭得浑身痒痒,忍不住笑了出来,还被海鳗肉头训斥严肃点。

翔龙见海盗们搜查得这么仔细,很是紧张,因为他有自己的小秘密,那就是藏在他脖子和龟甲之间的地

图，如果被海盗们发现就麻烦了。为了藏好地图，他有意缩短脖子，让后脑勺紧紧贴着龟甲，这样，如果不强迫他伸长脖子的话，地图就不可能被发现。

可是担心的事情还是发生了，因为黑纹海蛇是贴身搜查，等他缠着翔龙的脖子好像一条围脖似的绕来绕去的时候，翔龙抵挡不住浑身的痒痒，忍不住伸了一下脖子。这下坏事了，翔龙脖颈里的地图只不过露出了一角，立刻就被眼尖的黑纹海蛇看见了。"头领，有情况，快看，这是什么？"他弓着身子高昂着脑袋紧盯着翔龙的脖颈处大喊道。

这真是越怕什么越来什么啊！

翔龙听了黑纹海蛇的叫声只觉得脑子里"轰"的一声，脑袋立刻大了一圈，要坏事，他心里暗想。为了把事情糊弄过去，他赶紧赔着笑脸道："海盗大爷们，不是什么值钱的东西，只是我偶然从海面上捡到的一张塑料纸片，看着好玩，就随身带着了，想心烦的时候拿出来解解闷。"他尽量把话说得轻描淡写，让海盗觉得脖颈里的东西根本就不值得一看。

海盗头领海鳗肉头很狡猾，他并没有轻信翔龙的话，只见他狐疑的眼睛来回转了转发话道："解闷的？甭管是什么，先拿出来看看再说。"

"是，头领。"黑纹海蛇立刻干脆地应答了一声，他用满是尖牙的嘴巴把地图露出来的尖角一叼，地图就从翔龙的龟甲里露了出来。

"头领你看看，这是什么东西？"他让两个同伙一人叼一边把地图在头领的面前摊开，满脸讨好地谄笑道。

"嗯——这是一件很特别、很重要的东西，弟兄们，把这两个可疑的家伙押上，带他们去见帮主，听他老人家发落。"海盗头领肉头虽然伸着脖子装模作样地查看了一番，但实际他根本就没有看懂，不过这家伙很狡猾，怕万一出了什么问题要承担责任，就把皮球踢给了还没有露面的帮主。

"是，头领。"黑纹海蛇立刻点头哈腰地答应着。一转脸，他就凶神恶煞地瞪着翔龙和奇奇，命令同伙道："把这两个家伙押上，跟着头领去见帮主。"

翔龙见事情越来越麻烦，他可不想去见海盗们的什么帮主，心里着急的他不由得提高了嗓门道："快把东西还给我。"

"嘿嘿，小家伙，东西到了我海盗肉头大爷的手里还想拿回去？甭跟他废话，弟兄们，把这两个奸细押上，去见帮主。"他见翔龙竟然敢跟自己叫嚷，心里不高兴的他立刻把翔龙和奇奇升级成了奸细。

"我们不是奸细，只是过路的。"奇奇大声分辩。

可是这帮蛮横惯了的海盗们怎么会有耐心听他俩解释啊！只见他们一哄而上，推推搡搡地把翔龙和奇奇押去见那位神秘的帮主了。

走了没多远，迎面又来了一帮家伙，领头的是一条身强体壮眼睛长在一边的比目鱼，双方一照面，海盗头领肉头就亲热地打招呼道："对眼老弟，你也出来巡逻啦。"原来这些家伙是同一伙海盗，领头的比目鱼是他们的头领，名字叫对眼。

"肉头大哥，你抓的这两个家伙是干什么的？"比目鱼对眼虽然眼神不怎么样，不过一眼就看见了海鳗肉头身后被海蛇们押着的翔龙和奇奇，便好奇地问道。

"老弟，这两个家伙是奸细，我正要带着他们去见帮主呢。"海鳗肉头不愿多说，怕被对方抢了功。

一听说是奸细，比目鱼对眼来了精神，他用充满羡慕的眼神看着肉头道："大哥，这下你可是立了奇功一件啊，帮主一定会大大褒奖你的，到时候可不要忘了小弟哟。"

"好说好说，有了功劳一定和老弟分享。"海鳗肉头皮笑肉不笑，嘴上虽然很客气，可是心里想的却是，想让大爷和你分享，简直是白日做梦。原来他和比目鱼对眼是对头，平时为了在帮主面前争抢功劳，一向是明争暗斗，面和心不和的。

马六甲海峡的海盗

本节知识小贴士

黄金水道马六甲海峡

马六甲海峡是位于马来半岛与苏门答腊岛之间的狭长海峡，也是连接印度洋和太平洋的最重要的水道，它的西北端通印度洋的安达曼海，东南端连接中国南海。海峡全长约1080千米，现由新加坡、马来西亚和印度尼西亚3国共同管辖。

奇奇海洋知识千千问

你知道郑和下西洋的"西洋"是什么地方吗？

日常生活里我们经常会听人提到郑和下西洋的历史，但是郑和所去的"西洋"到底在哪儿，很多人却不知道。

"西洋"一词最早出现在我国的五代时期，但是不同历史时期其含义却不尽相同，比如元朝的时候西洋是指印度南部沿海地区，而到了清朝的晚期，则用西

洋一词来泛指欧美各国。

那么郑和所生活的明朝时期，西洋又指什么地方呢？此时的西洋，具体指的是今天文莱以西的东南亚和整个印度洋的沿岸地区，包括我们经常说的"西洋镜"一词里的西洋也指的是这些地区。

这个时期西洋的概念还扩展到包括西域各国的地步，比如陆容在他的《菽园杂记》中就把吐鲁番、哈密等西域诸国都称为"旱西洋"，以区别海域的西洋各国，由此可见在这个时期西洋一词已经开始包含有海外各国的意思了。

四、迷失在红树林迷宫

话语间,两个家伙合兵一处,押着奇奇和翔龙去见他们的帮主了。沿着狭窄的水道走了一段距离,又向左拐进入了一条很深的暗沟,一直到暗沟的尽头,迎面忽然出现了一块高耸的礁石。

"停下,"游在前头的海鳗肉头命令道,并在巨石前停住了脚步,他很威严地把脑袋晃了晃说道,"你们等在这里,我前去禀告帮主。"说着他扭动着粗大的身躯径直游向巨石,后面嘴里叼着地图的黑纹海蛇紧紧跟着他。

利用这个机会,翔龙和奇奇赶紧观察了一下周围的环境,只见这是一条很深的海沟,沟底光线暗淡,而在巨石下,竟然有一条很宽的裂缝,裂缝看起来深不见底,由于内外光差的原因,看不清里面到底有什么。

没过一会儿,黑纹海蛇就出来了,只见他冲着比目鱼对眼假装客气地说道:"对眼头领,帮主让你把两个奸细押进去。"看他一脸春风得意的样儿,多半是刚才在里面得到了帮主的夸奖。

比目鱼对眼一听,赶紧凑过去讨好地问道:"兄弟,

和你打听一下,帮主是不是很高兴?"

"那是自然,"黑纹海蛇一脸得意,"肉头头领立了这么大的功劳,帮主他老人家能不高兴吗?不仅高兴,还大大夸奖了一番肉头头领和我呢。"看他满面春风的样儿,所言应该不虚。

比目鱼对眼一听急了,只见他朝着押解奇奇和翔龙的一群小喽啰一摆尾道:"快些把两个奸细押进去。"说完他率先像一片大树叶似的飘进了裂缝。这个狡猾的家伙心想可不能把功劳都让肉头一个人占了,虽然两个奸细不是自己抓的,不过自己要是态度积极些,多半也可以沾点光。

翔龙和奇奇被一帮小喽啰推搡着押进了裂缝,刚进去眼前漆黑一片,直到眼睛适应了里面阴暗的光线,才看清裂缝里的内部状况。只见巨石底部空间很大,在正面有一块很平坦的白石头,白石头上盘着一条身形巨大、浑身布满黑色圆环的海蛇,此刻他正高高地昂着扁圆的蛇头,用阴冷的目光盯着他俩看,而翔龙的地图就摊放在他面前的大石头上。在白石头的旁边,毕恭毕敬地站着刚才在奇奇和翔龙面前趾高气扬的海鳗肉头,现在他乖得好像一条哈巴狗,虽然他的体型比白石头上的海蛇还大了一号。

"见了我们帮主还不快行礼。"后边的海盗们对翔龙和奇奇一阵推搡，比目鱼对眼是其中最起劲的一个，显得他比谁都积极——他这是有意在帮主面前表现呢。

即使海盗们不提醒，聪明的奇奇和翔龙也猜到了石头上大海蛇的身份，这就是海盗们口中的帮主吧。翔龙看见了自己的宝贝地图，没好气地冲着石头上的大海蛇嚷道："快把地图还给我。"因为心里着急，他竟忘了隐瞒地图的事，不小心说漏了嘴。

大海蛇一听是地图，他阴冷的目光忽然亮了一下，眼里闪现一丝异样的光芒。他低头看了一会儿地图，可能是不识字，没有看懂，只见他又抬起头，脸上换了一副和善的表情，笑眯眯地冲着翔龙和奇奇说道："两个小家伙，不用害怕，我们虽然是海盗，但是我们都是好人。"然后他好像要让奇奇和翔龙相信他的话，只见他对着看押奇奇和翔龙的海盗发怒道："快走开，不许这么对待客人，我平时就是这么教你们的吗？"

一心想表现立功的比目鱼对眼见自己马屁没拍好，吓得一闭对眼，赶紧灰溜溜地闪到一边去了，其他的小喽啰也一哄而散，远远地躲到了一边。

这时大海蛇又换了一副更有亲和力的笑脸和声细语地说道："小朋友们，能不能告诉我这是什么地图啊？哦——别多心，我只是好奇，好奇而已。"见翔龙的脸上闪过一丝怀疑的表情,异常狡诈的大海蛇立刻解释了几句,同时做出一副完全对地图没有什么企图的姿态。实际上他这么问,就表明了他并不认识地图上的字。

"是郑和下西洋的地图。"奇奇脱口而出。他还是年幼缺少经验,见大海蛇笑眯眯的,说话也很和气,看上去不是什么坏人,于是就轻信了对方,想早点把事情说清楚,好和翔龙继续旅行。翔龙本来想阻拦,可是已经晚了,奇奇的话已经出口了,他只好无奈地退了回来。

接下来让他俩始料不及的事情发生了,只见白石头上的大海蛇听完了奇奇的话,先是脸色一变,又仰头看着洞穴顶部,好像在思考什么,翔龙、奇奇和他的手下都不知道他葫芦里卖的什么药,大家连大气都不敢出地看着他。

良久,大海蛇才低下头,用越发阴冷的目光盯着奇奇道:"你说的郑和是几百年前坐着几条破船整天没事在海上瞎逛的那个人类郑和吗?"话语间流露出一种嘲讽的意味。

翔龙见大海蛇竟然敢如此轻视自己和饲养员心中的偶像,大怒着叫嚷道:"不许你诬蔑大英雄郑和。"

大海蛇见翔龙发怒了,冷笑一声不紧不慢地说道:

"哼——小家伙,你算哪根葱,敢来教训我?别人不能这么说郑和,我就可以,你知道我是谁吗?"大海蛇一副目空一切的架势。

远远旁观的比目鱼对眼一见时机不错,赶紧拍马屁道:"对,我们帮主就是有资格,你们俩小屁孩哪凉快哪待着去。"他以为自己的奉承帮主一定喜欢,谁知大海蛇嫌他多嘴瞪了他一眼,吓得对眼一缩脖子赶紧躲到了一片阴影里。海鳗肉头见他碰了一鼻子灰,别提有多幸灾乐祸了。

"你是谁?"翔龙见事情已经这样了,也不甘示弱地问道。

"哼哼哼——"大海蛇一阵冷笑,笑了一会儿他忽然脸色一变,用阴冷的眼睛紧紧盯住翔龙的眼睛说道,"我是谁?我是海蛇帮的帮主,马六甲海峡开山海盗的第76代嫡孙。"接着他的脸色又像变色龙般迅速变化,一会儿白一会儿黑,石缝里的人不知道他想干什么,都心惊胆战地看着他。

"把他俩都抓起来,我要用他俩和这张地图来祭奠我的祖先。"大海蛇的话让所有人都大吃一惊。

见所有的手下都愣在原地,他忽然发怒道:"怎么,没听见我的命令吗?快点动手啊。"

"帮……帮主,为什么啊?"海鳗肉头有些结巴地

问道,他抓翔龙和奇奇并没有想要他俩的命,只是想邀功而已。

"废话什么,快照我说的做。"在大海蛇的喝令下,有些发傻的海蛇小喽啰们才一个个如梦方醒,在肉头和对眼两个头领的指挥下,从四面围了上来,准备抓住翔龙和奇奇。

奇奇见情况危急,也来不及细想大海蛇为什么忽然翻脸,脑子里高速运转想的都是脱身的主意。他无意中视线扫过摊放在大海蛇面前的地图,聪明的他忽然有了一个主意。"慢,我有话说。"他大声喊道,同时朝身边的翔龙使了一个眼色。

奇奇忽然大叫一声,把所有的海盗都吓了一跳,大海蛇也吃了一惊,下意识地问道:"小家伙,死到临头了还想要什么花招?"

只见奇奇笑嘻嘻地朝前游了几步道:"帮主大爷,既然我们都要死了,在你用我们祭祀你的祖先之前,我想告诉你这幅地图里的不为人知的秘密,免得这个秘密随着我和同伴的死去而永远石沉大海。"他说这番话的时候态度很诚恳,好像要是秘密不说出来他就死不瞑目似的。

大海蛇见奇奇忽然讨好自己,不知道他想干什么,用疑惑的目光看着他,奇奇立刻摆出一副纯真无邪的表情。大海蛇没有看出有什么异常,他低头又瞅了一眼地图,强烈的好奇心驱使他说道:"好吧,你过来,悄悄告诉我这地图里的秘密是什么。"这个家伙心机很深,他不想让其他海盗听见,所以让奇奇走近只告诉他一个人。

　　奇奇正需要这样的机会,他趁机游上前,经过翔龙身边的时候瞄了一眼地图,又不动声色地给他使了一个眼色,翔龙会意,微微地点了一下头。奇奇来到地图前方,假装低头给大海蛇讲解地图上的秘密,趁着对方没防备,忽然猛摆尾巴,然后加速冲向对方,用脑袋上坚硬的硬骨片猛地向大海蛇的胸口撞去,只听"哎

哟——""妈呀——"几声,不可一世的海蛇帮帮主翻滚着被撞下了大石块,消失不见了。

　　由于事出突然,所有的海盗都没有反应过来,好像木雕泥塑般地站在原地,傻愣愣地看着。"翔龙,快收好地图。"奇奇大喊,生怕失去这次逃跑的机会。

　　翔龙早有准备,只见他一个健步抢上前,很利索地把地图卷起重新塞进自己脖子后面的背甲之中,然后和奇奇一起,利箭一般冲向石缝外面。

　　直到奇奇和翔龙的身影冲入深沟,海盗们才如梦方醒:"哎哟——帮主——帮主不见啦——"最善于拍马屁的黑纹海蛇立刻像被门夹了尾巴似的大嚷大叫起来,才反应过来的海盗们在大石缝里乱成了一团。

　　好不容易,"尊贵"的海蛇帮帮主才被肉头和几个小喽啰从一道地沟缝里挽了出来,只见这个家伙的模样可有些惨:胸口被奇奇坚硬的头部撞得紫了一大块,从大石头上滚落的时候又倒霉地碰到了一块尖石头,把上嘴唇也磕破了,差点就变成了三瓣嘴。

　　"哎呀呀——气死我了,奸诈的小贼鱼,竟然敢暗算我,你惹到我了,你惹到我了,我一定要让你们两个不知死活的小家伙付出惨重的代价。"大海蛇快气疯了,他像一根弹簧似的在大石头上乱蹦乱嚷。

　　"帮主,现在该怎么办?"海鳗肉头小心翼翼地问道。

"传我的命令,立刻封锁各个通道口,我一定要抓住这两个可恶的小家伙,夺回地图。"大海蛇像要作战一样,高高地昂着头望向洞外奇奇和翔龙消失的方向,眼神里充满了冷酷和邪恶。

侥幸逃脱的奇奇和翔龙冲出阴森的暗沟,不敢有片刻停留,全速向前方游去,现在他俩就一个心思,快点再快点,早点离开这危机四伏的马六甲海峡。

虽然奇奇和翔龙游进的速度很快,可是海盗们在短暂的混乱后,一伙海盗已经追了上来,领头的正是头领之一的比目鱼对眼。

"报告头领,两个奸细就在前方。"看见翔龙和奇奇的身影,一个小喽啰兴奋地嚷道。

"全速追击,这次我们一定要抓住他俩。"比目鱼对眼恶狠狠道。他心中暗喜:"这次运气不错,终于也轮到我在帮主面前露脸了。"

海盗们在对眼的带领下,像一阵风似的刮过光线暗淡的海峡底部,像正在捕食的狼群般在后面紧追不舍。

"翔龙,我们该怎么办?"眼见海盗们越追越近,奇奇有些着急地问道。

翔龙听着身后海盗们鬼哭狼嚎的叫嚷,脑子里也在迅速地想着对策,他忽然看见左侧有大片的树林,立刻有了主意，赶忙对奇奇说："快，我们到那边的树林里去。"

这片是沿海滩涂和浅海常见的红树林，郁郁葱葱连绵不绝，从海岸边一直生长到海里，足有几千米宽，长度更是一眼望不到头。

"好。"奇奇答应道，两人快速游向红树林，然后一头扎了进去。

很快海盗们也追了过来，一个眼尖的小喽啰报告道："对眼头领，我看见两个奸细钻进红树林里去了。"对眼侧着身子看了一眼面前盘根错节的红树根，似乎有些犹豫，但最终还是下命令道："追。"

"是。"小喽啰们很整齐地答应了一声，一窝蜂地钻进了红树林。

小喽啰们都是海蛇，他们身材细长，杂乱生长交错如渔网般的红树林根系对他们的行动并不会造成太大的困难，可是比目鱼对眼就不同了，他的身体是像一片超级大树叶似的薄扁形，游动的时候也是平躺着身体像波浪一般涌动前进，红树林密匝的根系给他的游动造成了很大的困难，还没有前进多远，他就被两条交叉的粗树根卡住了，动弹不得，不得不狼狈地大喊救命。

"老大，你怎么了？"一个在附近搜索的海蛇闻声

游了过来,关心地问了一句。"笨蛋,你没看见我被卡住了吗?快点把我弄出去。"对眼气急败坏地训斥道。

海蛇赶紧上前,可是比目鱼对眼的体型比他大得多,他费了半天劲也没能把对眼从树根之间解救出来,对眼又是一阵"笨蛋""蠢货"地责骂。小喽啰没办法,又把附近的同伴们找了过来,大家一起努力,最终才把对眼像拔萝卜似的从树根陷阱里解救出来。

这个时候翔龙和奇奇早就在红树林里消失得无影无踪了。

"头领,还追不追了?"一个海盗小心翼翼地问道。

比目鱼对眼心有余悸地看了看前方如同迷宫般的红树林,不想追了,可是到嘴的肥肉让别人抢了去又不甘心,最终他眼珠一转有了新主意:"大家分散开来,就守在红树林

的外面,我就不信这两个小混蛋能躲在里面一辈子,等他们一露头,还是我对眼大爷的囊中之物,哈哈哈……"说完他一阵得意的狂笑。

这个时候翔龙和奇奇已经游进了红树林的深处,只见他俩周围,到处都是交错生长的红树林的根系,头顶则是密实的红树枝叶,几乎完全遮蔽了光线,让红树下的海水更加幽暗阴森。

"翔龙,我们这是在哪里啊?"奇奇仔细打量了一下四周,可是触目之处几乎都是同样的景象——树根连着树根,根本分辨不出有什么区别。"我们是不是迷路了?"他有些担心地说道。

海里的森林——红树林

红树林是热带、亚热带海湾、河口泥滩上特有的常绿灌木和小乔木群落,具有呼吸根或支柱根,种子可以在树上的果实中萌芽,长成小苗,然后再脱离母株,坠落于淤泥中发育生长,是一种稀有的木本胎生植物。

比目鱼的眼睛天生就长在一边吗?

喜欢听相声的朋友们经常会听到一个绕口令"打南边来了个喇嘛,手里提着五斤鳎么",喇嘛大家都知道,但是这鳎么是什么东西,多数人都不知道,实际它就是我们现在要说的比目鱼。

比目鱼有些地方俗称鳎么鱼。由于身体扁平,特别适合在海床上的底栖生活,通常它们把双眼同在一侧的身体朝上,把另一面为白色的身体隐藏在泥沙里。朝上一侧的体色可以很好地与周围的环境融合,这也让它们可以更好地隐藏自己,有些品种还可以随着环境的改变而改变自己的体色,如同水中的变色龙。

许多人觉得比目鱼的眼睛是天生就长在一起的,可实际情况并非如此。刚孵化的比目鱼眼睛分别长在头部的两侧,而且是标准的对称生长。大约经过20天,当比目鱼长到1厘米左右时,不可思议的一幕发生了——小鱼一侧的眼睛开始搬家,通过头部上缘逐渐移动到对面的一边,直到和另一只眼睛接近时,才停止移动,并且保持终生不变。

五、自称可以预知未来的海蛇娘

"别急,我来看看。"翔龙也有些迷糊,他小心地把脑袋伸出来,想辨识一下周围的环境。

四周一片寂静,翔龙正探头探脑地四处张望,忽然脑袋边"啪"的一声轻响,从头顶上掉下来一个东西,几乎擦着翔龙的脖子滑行而过,溅起的水花炸了他一头一脸。

声音虽然不大,但在一片沉寂的红树林里显得特别刺耳,翔龙吓得下意识地一缩脖子,真的有些像缩头乌龟了,而不明情况的奇奇则干脆躲在了一根特别宽大的板状树根后面。

"翔龙,怎么了?"奇奇低声问道。

翔龙扭头一看,只见脖子旁边的水面上漂浮着一个细长的深绿色豆荚状的果实——原来是红树的种子。这种种子很特别,它朝下的一端尖尖的,如同一把匕首,成熟的时候就垂直落下,插入土中就可以生根发芽,如果落到海面上,也可以随波逐流,漂到合适的地方再安家落户。

"没事,只是一颗红树的种子。"翔龙一边回答奇奇一边抬头看去，果然在他头顶上方的红树枝叶间，垂露着许多模样差不多的种子，随时都可能掉落。

见只是虚惊一场，奇奇不好意思地从藏身处游了出来。"我们现在该怎么办？朝哪里走呢？"他打量了一下四周，发愁地问道。

"肯定不能回去，我想那帮家伙正守在外面等着我们自己出去呢。"翔龙比较有经验，识破了比目鱼对眼的诡计，"我们朝红树林深处走，也许走着走着就找到红树林的出口了。"他给出了自己的建议。

"好吧。"奇奇也没有更好的办法，只能同意。

又走了一会儿，奇奇忽然停住，惊奇地叫道："快看，那条鱼在干什么？"

"怎么了，什么鱼啊？"翔龙看了一下四周，都是一些很普通的小鱼在游来游去，没什么可奇怪的地方啊。"看那边，有一条鱼正在往树上爬呢。"

会上树的鱼？鱼不是离开水就会死吗，难道这条鱼活腻了想自杀？翔龙有些不相信，他顺着奇奇指引的方向看过去，果然看到有条正在爬树的鱼，只见他大大的脑袋上长着一双鼓起的大眼睛，此刻正用强有力的尾巴撑着树干，然后用一对有力的胸鳍紧紧抓住树枝一点一点地向树顶爬。

"咦——真稀奇。"翔龙简直有点不相信自己的眼睛。

海上丝绸之路大冒险

虽然爬树的鱼个头并不大,只有10多厘米长,但是他爬树的动作很熟练,一会儿就爬到距离水面有20多厘米的地方了,显然他是经常爬树的。

"朋友,请问你是谁啊?你爬树的本领可真不赖。"翔龙实在忍不住了,游到树下由衷地夸赞道。

小鱼正在专心地爬树,没想到有人会和自己搭话,听到说话声他赶紧爬到一根斜伸的枝杈上,然后低头瞪着一对大鼓眼泡朝下面看去,只见树下有一条自己从没见过的大怪鱼,还有一只像小乌龟的家伙。

"你们是谁?"爬树的小鱼见对方体型比自己大得太多,虽然他俩看起来都很和气,但还是有些害怕。

"我是小海龟翔龙,他是我的好朋友中华鲟

马六甲海峡的海盗

奇奇,我们被海盗们追赶,偶然进入这里迷路了,看见你正在爬树,就过来打个招呼。"翔龙也察觉到了小鱼的紧张,赶紧解释道。

原来是这样,搞明白情况的小鱼不再害怕,他主动介绍自己道:"我是一条弹涂鱼,我们弹涂鱼都是爬树的能手。"说起自己爬树的本领,弹涂鱼满脸的自豪。

看着"高高在上"的弹涂鱼,机灵的奇奇忽然有了主意。"朋友,你能爬到树顶帮我们看看走出红树林的出口在哪儿吗?"他真诚地请求道。

弹涂鱼

这可真是一个好主意，仗义的弹涂鱼一口就答应了。"你们等着，我这就到树顶给你们探探路。"说着，他像一只灵活的小猴子似的向树顶爬去。

见弹涂鱼这么热心，奇奇和翔龙都非常感激。"谢谢你。"他俩异口同声道。

虽然弹涂鱼很热心，可是他爬到树顶向四周一看，立刻就傻眼了，只见满眼都是绿油油的红树叶，一大片连着一大片，根本就看不到尽头。无奈的弹涂鱼只好爬下树，将实情一五一十地告诉了奇奇和翔龙。

听到结果，奇奇和翔龙都有些失望，他俩感谢了弹涂鱼的热情帮助，告辞之后继续红树林迷宫探险之旅。

接下来翔龙和奇奇在迷宫般的红树林里东一头西一头地乱撞，结果把自己累得筋疲力尽也没有找到出口，奇奇喘着粗气道："翔龙，我得找个地方歇会儿。"说着，他也不管翔龙同不同意，就近找了一个沙窝，一屁股趴在了里面，再也不愿动弹一步了。

翔龙看着好笑，不过他自己也觉得有些累了，于是躺在奇奇的身边。休息了一会儿，好动的翔龙有些躺不住了，他转着脑袋东张西望，想观察一下周围的环境。四周一片静谧，正当翔龙打算把目光收回，继续陪着奇奇休息的时候，无意中他的视线扫过前方的一根扁树根，目光忽然定住了。"咦——那是什么？"他有些惊讶地叫道。

"什么？你说什么？"奇奇在细软的沙窝里舒服得昏昏欲睡，没有听清翔龙的话。

"奇奇，快看，那根扁树根底下，有一个长得好像紫色花芋头的家伙。"翔龙指着前方。

顺着翔龙指引的方向，奇奇看见前方两三米外的一根扁树根下，有一个浑身紫色，布满美丽花纹的壳类动物在缓慢移动。紫色家伙移动得很缓慢，速度堪比蜗牛，他的长相也很少见，脑袋尖瘦，屁股肥大，看起来确实很像翔龙说的平放着的紫色花芋头。在他的尖脑袋的前方，还有一根好像象鼻子的柔软触角不住地左右摆动，似乎是在探路。

"哦——不就是个大海螺吗？有什么好大惊小怪的。"奇奇有些失望，觉得翔龙不该一惊一乍地打扰他睡觉，本来嘛，这样的海螺长江里有的是，无非就是颜色花点，个头大些，可他不还是一只海螺嘛！

奇奇正要收回目光继续闭目养神，这个时候正好有一条半透明的小鱼游过紫色怪海螺的前方，几乎擦着了怪海螺伸出的触角。眼看小鱼就要游过去了，就在这电光火石间，只见原本行动迟缓的怪海螺猛地从触角下射出一根锋利的刺状物，一下就刺穿了小鱼的

身体,可怜的小鱼只是猛烈地扭动了几下就不再动弹了,僵直的身体像挑在刺刀尖上的猎物。

"啊——"奇奇和翔龙都被这忽然发生的可怕一幕吓了一大跳,不由失声叫了出来。

可是怪海螺好像什么事都没发生一样,他迅速收回"刺刀"和刀尖上的小鱼,然后张开喇叭状的大嘴,一口就把小鱼吞了进去。看到这残忍的一幕,奇奇和翔龙又忍不住"啊"的一声叫了出来。

吃完了小鱼,怪海螺好像很满足,他扭头冲着奇奇和翔龙道:"大惊小怪什么,不就吃了一条小鱼吗?我哪天不吃几条啊。喂——你俩是谁啊,到这红树林里干什么?"听他的口气,似乎并不怎么友好。

翔龙本来想回答,可话到嘴边又多了一个心眼,反问道:"那你是谁啊?"

"我嘛,我是红树林里大名鼎鼎的鸡心螺,不知道我的土鳖还真是不多呢。"怪海螺倒是不藏着掖着,直接报出了他的名号,显得很自信,同时对翔龙和奇奇竟然不认识他也透着明显的嘲讽。

"鸡心螺!"翔龙和奇奇在心里都记住了这个可怕的名字。"我是小海龟翔龙,这是我的好朋友中华鲟奇奇,我们迷路了,不知道你能不能告诉我们如何走出红树林?"翔龙想既然对方在红树林里这么有名,虽然

马六甲海峡的海盗

很可能是恶名,但也许他认识路呢,所以介绍完身份后顺口问了一句。

"嘿嘿嘿,出红树林的路我不知道,不过你俩的肉好不好吃我倒是很想知道。"鸡心螺一阵不怀好意地阴笑。他的回答完全出乎了翔龙和奇奇的预料。

"吃我们的肉?"奇奇和翔龙同时惊讶地张大了嘴巴。"是啊,要不是你俩的体型太大,我吞不进去,不然我还真是很想尝尝你俩肉的滋味呢。"鸡心螺一边说一边不住地舔着嘴唇,触角下的尖刺也跃跃欲试,似乎真有这种想法。

奇奇和翔龙忽然觉得原本安宁静谧的红树林里弥

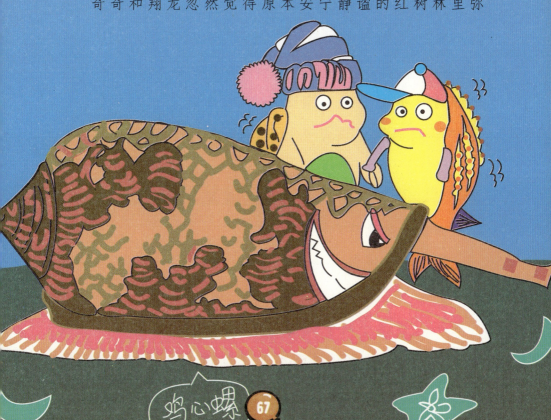

漫着危险的气味。旖旎秀美的景色在他俩的眼里,也变得杀机重重。

"奇奇,你休息好了吗?"翔龙一边不放心地盯着几步外的鸡心螺,一边小声问奇奇。

"好了,我休息好了。"奇奇赶紧小鸡啄米般地不住点头。

"那我们赶紧赶路吧,天快黑了。"翔龙说着,和奇奇逃跑似的离开了鸡心螺,连头都没有回一下。

一直游出很远,早就不见鸡心螺了,翔龙才拍着自己的胸口道:"真是吓死我了,可怕的鸡心螺要是体型再大些,我想我俩就会被他一口吞下了,和那条可怜的小鱼的下场一样。"

奇奇也心有余悸,这马六甲海峡看来还真不是那么好通过的呢!他打量了一下四周陌生的环境,发愁道:"那我们现在该怎么办呢?"

"咳——走到哪算哪吧。"翔龙这会儿也有些无可奈何了,他也不提他那唬人的资深航海家的头衔了,本来嘛,这就是假的。

两人走走停停,边走边打探出口,不知不觉中,来到了一棵特别粗大的红树跟前,只见它粗大的腰身几个成年人都抱不过来,繁茂的枝杈上不断萌生的气根插入水中,盘根错节地在浅海里形成了一座树根城堡,

真是独木也成林啊。

"这棵红树可真大。"奇奇仰着脑袋绕着红树有些吃惊地游了一圈,枝叶间偶然穿透的一束阳光让已经习惯阴暗的他不由得眯起了眼。

"是啊。"翔龙随口答道,他也跟在奇奇后面绕着红树庞大的树根观看,遇到一个黑乎乎的树洞就好奇地伸着脑袋到里面查看一番,好像里面藏着什么珍宝一样。

在又遇到一个黑乎乎的大树洞的时候,翔龙照例想伸着脑袋到里面探看一番,结果头还没有伸到树洞口,就见里面探出一个扁圆的脑袋道:"小家伙,真是没礼貌,没有主人的邀请朝别人的家里瞎看什么啊!"

翔龙被树洞里忽然冒出的脑袋吓了一跳,等他看清扁圆脑袋是什么的时候,不由失声大叫道:"奇奇,快跑,海盗,有海盗。"说着他转身就朝旁边的红树林里跑去,吓得什么都没看见的奇奇也跟着瞎跑起来。

"嘿嘿,真是可爱,小家伙们,不要害怕,我不是海盗,只是一个老得不能再老的海蛇老太婆而已。"身后传来一声很慈祥的声音,听起来确实是一位很和善的老奶奶。

"你是谁?你真的和那些海盗不是一伙的?"奇奇大着胆子,停步转身问道。映入他眼帘的果然是一位面

海上丝绸之路大冒险

相慈祥的海蛇老婆婆,从她脖子上的皱纹就可以看出她的年纪应该很大了。

"嘿嘿,小家伙,我是海蛇娘,只是一个独居在红树林里的老太婆罢了。"海蛇老婆婆说话的时候慈眉善目。

"海蛇娘?"听到这么奇怪的称呼,奇奇心中好奇的小宇宙爆发了,"你是那些海盗的妈妈吗?"他接着问道,对躲在一棵红树后不断朝他挤眉弄眼,让他不要轻信海蛇老婆婆的翔龙视而不见。

"咳咳——"好像海蛇娘老婆婆被奇奇这个充满孩子气的问

题逗笑了,她假装干咳几声道:"真是一个可爱的小家伙,我可不是那些讨厌鬼的妈妈,我只是年纪比较大而已,比那个什么可笑的海蛇帮帮主爷爷的爷爷年纪都大,所以大家都这么叫我。"海蛇娘似乎怕奇奇不明白,解释得很耐心。

听奇奇和海蛇娘谈得这么热闹,躲在红树后的翔

龙也忍不住了,他游到奇奇的身边问道:"天哪,你真的活了这么久吗?是有什么长寿的秘诀,还是具有特异功能啊?"

翔龙的话把海蛇娘逗乐了,她声音喑哑地笑了几声说道:"小海龟,长寿秘诀什么的我不知道,不过特异功能我可能有哦。"

"什么特异功能?"翔龙和奇奇几乎异口同声地问道。

"嘿嘿,我可以预知未来,只要观察对方的容貌,我就可以知道他将来可能会发生些什么。"海蛇娘说得很认真,看起来似乎并不是在开玩笑。

判断蛇类的年龄

想判断一条蛇的年龄,专业又复杂:取一条蛇为标本,剥取心脏附近的椎骨5枚,按常规骨骼磨片方法磨制椎骨中部的横切片,于低倍光学显微镜下观察。可以看到,磨片上有清晰的生长层,像树木的年轮一样。用测得的数据再通过固定的计算公式就可以得到蛇的年龄了。

奇奇海洋 知识 千千问

真的有会上树的鱼吗?

鱼没有手脚怎么会爬树?而且它们不是离开水就会死吗?

可是世界之大,无奇不有,还真的就有可以爬树的鱼,而且爬树的水平还相当不错,这就是海洋里的弹涂鱼。

弹涂鱼身体呈圆柱形,个头不大,一般只有十几厘米长,体重在20克到50克之间。它们的眼睛虽然不大,但是很显眼——突出在头顶,如同两个探照灯。弹涂鱼有鱼鳃,因此不用怀疑它们鱼类的身份,它只是一类进化程度较低的古老两栖类动物。

弹涂鱼有离水觅食的习性,这也是它们爬树的动力。每当退潮的时候,弹涂鱼就依靠强劲有力的胸鳍肌柄在滩涂上跳来跳去觅食,主要是取食泥沙里的底栖藻类,或者爬到岩石或红树枝上捕食昆虫,晴好的天气它们还会爬到高处晒个舒服的太阳浴。

六、无所不知的海蛇娘的故事

"真的?"奇奇和翔龙好像看见了一位活神仙,惊讶得嘴巴都合不上了。

"我老太婆骗你们两个小孩子干吗?当然是真的,所以那些海盗都很尊敬我。"海蛇娘说起这个好像很得意,看来虚荣心不管年纪多大都会有。

"天啊,老婆婆,您可真有本事,我是中华鲟奇奇,请问您可以给我相相面吗?我想知道妈妈和兄弟姐妹们现在在哪里,他们还好吗?"奇奇目光真诚地看着海蛇娘恳求道。

"还有我,我叫翔龙,老婆婆,麻烦您也帮我相相面,我想知道自己将来能不能成为像大英雄郑和那样的英雄航海家。"翔龙也不甘落后。

"哦——中华鲟奇奇!很奇怪的名字,一定来自很遥远的地方。咳咳——"海蛇娘干笑了两声道,"给你俩相面当然没有问题,不过你们要先告诉我你们来这里干吗,我一个人在红树林里待久了,正觉得有些闷,想听点新奇的故事。"

这当然不是什么难事,翔龙口若悬河、添油加醋,把他和奇奇一路上的旅行经历说得惊险刺激，海蛇娘缠绕在一根看起来年纪比她还大的老树根上听得津津有味。

听完了翔龙的讲述，海蛇娘很满足地咂了咂有些干瘪的嘴巴道："听了你们这么精彩的故事，不给你们做点事情还真是说不过去，让外人知道了还以为我老人欺负小孩儿呢。"

"不是故事，是我们的真实经历。"翔龙立即纠正道。

"在我看来都差不多，活得太久了，故事和真实的经历就没有什么区别了。"海蛇娘的话很有哲理，奇奇和翔龙有些听不懂。

"下面我来给你们相面，"海蛇娘板了板脸道，"小家伙们，都站到我面前来，离得近点，我老人家眼神不好，让我好好看看你们。"

奇奇和翔龙好像面对一位神奇的预言大师，赶紧凑到了海蛇娘的面前，站得整齐又精神。

"嗯——"老态龙钟的海蛇娘凑近很认真地端详着奇奇和翔龙的脸。"不错不错，真是两个又可爱又精神的小家伙。"她由衷地夸奖道。

"老婆婆，您看好了吗？"翔龙有些坚持不住了，因为身后好像有条讨厌的小鱼一直在啄他的小尾巴，搞

得他浑身痒酥酥的。

"好了,我已经看到了,看到了一幕很神奇的场景。"海蛇娘的话透着一丝神秘,已经有些浑浊的眼睛越过奇奇和翔龙的头顶,凝神地看着枝叶间透过的一片湛蓝色的天空,好像她的目光真的可以洞察深邃宇宙间的一切秘密。

"老婆婆,您看到了什么,快点告诉我们吧。"翔龙猛回头装作张牙舞爪状,吓跑了调皮的小鱼,然后赶紧回头恳求道。

"是啊,老婆婆,您看见我的妈妈了吗?她现在在哪?"奇奇最关心分别已久的最亲爱的妈妈,所以首先问道。

"小家伙,可能要让你失望了——你的妈妈我没有看到,不过我看到了一些更特别的,我想你们可能更感兴趣。"海蛇娘的表情十分神秘,这更激起了奇奇和翔龙的好奇心。

"老婆婆,您快说啊,您到底看见了什么?"奇奇和翔龙都有些等不及了。

"我看见你俩身处在一大片白茫茫的地方,天地间一片白蒙蒙,无边无际。"海蛇娘开始讲述,这一刻她的神情有点像邪恶的深海女妖,不过奇奇和翔龙都急于想听结果,瞪大了眼睛紧紧盯着她,并没有觉得

她有什么可怕。

"接下来呢？"奇奇和翔龙几乎异口同声地追问道。

"小家伙们，别急，听我慢慢说，年纪大了话说多了就难免有些气喘。"海蛇娘并不着急，她慢条斯理地深呼吸了几下，然后才接着说道："你俩都冷得直发抖，差点就丢了小命，就在这个时候，一个长相奇怪的生物出现了，他大大的眼睛，胖嘟嘟的身子，还长着几根俏皮的小胡子——他救了你们，成了你们的救星。"说到这儿，她笑眯眯地看着奇奇道："你是个福大命大的小朋友，虽然你们前方的旅行会遇到许多危险，但都能化险为夷，最后会成功回到你出生的地方，见到你思念的亲人们。"

"真的？可以见到妈妈，见到兄弟姐妹们？"奇奇有些不放心地追问道。但是起码奇奇悬着的心终于可以放下来了。

"放心吧，小可爱，相信我老人家，一切都会应验的。"说这话的时候海蛇娘笑眯眯的，完全就是一个慈祥的老奶奶。

"老婆婆，你说的白茫茫的地方在哪里啊？"翔龙是人工孵化的，没有可以挂念的家人，所以关心的完全和奇奇不同。

"嘿嘿，小海龟，这个我老人家就不能告诉你了，

所谓天机不可泄露嘛。"海蛇娘坚定地摇了摇头,表示她绝不会透露。

不说就不说,翔龙还有许多疑问想问海蛇娘:"老婆婆,您知道海蛇帮帮主的祖先和大英雄郑和有什么关系吗?"这是一直萦绕在翔龙心头的疑问,这事也许只有具有特异功能的海蛇娘才知道,所以他抓紧机会赶紧询问。

果然,海蛇娘听完就"嘎嘎"笑了:"小海龟,你真是问对了人,这件事如果我老人家说不知道,整个马六甲海峡里还有谁敢说知道?"海蛇娘的表情里透着些许的神秘和得意。

"太好了,老婆婆,您能告诉我们吗?"翔龙的大眼睛忽闪忽闪的,眼睛里充满了真诚和期待。

"那好吧,反正我老人家现在也没事,就给你们讲讲吧。"海蛇娘很干脆地就答应了。

"关于大海蛇祖先的事嘛,"海蛇娘开始讲述,"咳咳,我也是听我的奶奶说的,这可是好几百年前的事了。"她微微眯着眼睛看向前方,一副沉入久远回忆的神情。

"其实并不是大海蛇那小子的祖先和你们的大英雄郑和有什么关系,而是他的主人——一个从中国跑来的大海盗——他和郑和有不共戴天之仇。"海蛇娘的话让奇奇和翔龙大吃一惊。

"中国?!那就是和我来自同样的地方啰。"奇奇插话道。

"还有我,我也来自中国。"翔龙跟着起哄。

"对对对,你们是来自同一个地方,难怪我刚才听到你的名字觉得有些耳熟呢。"海蛇娘笑眯眯地看着奇奇说道。

"老婆婆,您快说呀,接下来怎么了?"翔龙急着想听下面发生的事。

"这个大海盗可不是什么好东西,他纠集了上万名小喽啰,战船有几十艘,盘踞在马六甲海峡,专门抢劫

过往的船只,干尽了坏事。"海蛇娘继续不紧不慢地讲述,"他还别出心裁地驯养了一群忠心耿耿的剧毒海蛇,头领就是大海蛇的祖先,他对大海盗可死心塌地啦。"

听到这儿,奇奇和翔龙互相对视了一眼,原来大海蛇的祖先是这么一个来头。

"大海盗养这些海蛇干什么呢?原来这个残忍的家伙觉得光把商船上的俘虏扔到海里淹死还不够过瘾,所以就养了这些海蛇,让俘虏们要么被咬死,要么在极度的恐惧中活活被吓死,他在旁边看着取乐。"海蛇娘继续说道。

"这些坏蛋。"富有正义感的翔龙愤愤地骂道,不知道他是在骂大海盗还是大海蛇的祖先,也许两者都有吧。

"大海盗抢劫抢昏了头,在郑和路过的时候竟然打起了郑和船队的主意,不过双方力量有些悬殊,他决定发起偷袭,于是在一个伸手不见五指的夜里偷袭开始了。"

"啊——真卑鄙!"听到这儿,奇奇和翔龙都忍不住发出了一声惊呼,同时脸上露出了一副鄙视的表情。

好在海蛇娘接下来的讲述让他俩松了一口气:"郑和不愧是一个大英雄,他早早觉察了海盗们的阴谋,决心为民除害,彻底消灭这些海盗,于是一场空前激烈的大海战上演了。"

"打——打——给我狠狠地打这些浑蛋。"奇奇和翔龙义愤填膺,恨不得亲自上阵痛击这些可恶的海盗。

"嘿嘿嘿,小家伙们,不要激动嘛,听我老人家慢慢讲来。"海蛇娘笑眯眯的,此刻温馨的场面就好像一个慈祥的老奶奶正在给孙子们讲述好听的故事。

"郑和船队的士兵训练有素,他们迅速排成战斗队形,正面迎击不知天高地厚的海盗们,只听火炮声震耳欲聋,烧着的海盗船火光冲天,映红了整个海峡,空气中到处都弥漫着呛人的烟尘,耳边传来的是海盗们绝望的哭嚎声。"

"真解气,我们的大英雄郑和就是给力。"听说郑和的船队打仗这么厉害,作为超级粉丝的翔龙和奇奇都觉得脸上很有光,小胸脯不知不觉都暗暗挺了起来。

"经过大半夜的激烈战斗,海盗们被全部歼灭了,大海盗头子和他的战船一起沉入海底,郑和的船队大获全胜。"

"哦——我们胜利啰——我们胜利啰——"听到这儿,奇奇和翔龙都兴奋地蹦了起来,好像这场胜利之战是他俩打下来的似的。

海蛇娘没有说话,她笑眯眯地看着又舞又跳的奇

奇和翔龙,眼神中充满了温柔。

"老婆婆,那大海蛇的祖先最后怎么样了?"兴奋过后,翔龙忽然想起了这茬儿。

"孩子,他和他的同伙都被捉住了,郑和船上的厨师把他们剥了皮,炖了满满一大锅的美味蛇肉羹,这算是对他们帮着坏人作恶的惩罚。"说起这个的时候,海蛇娘的脸上没有一丝的同情。

"啊——"翔龙和奇奇大吃一惊,翔龙有些狐疑地追问道,"老婆婆,您对这些被熬汤的海蛇不同情吗,他们可和您是同一家族啊?"看过海蛇帮帮主的强烈反应,再看看面前海蛇娘谈起这些事的无所谓,翔龙实在有些怀疑自己的眼睛出问题了。

结果海蛇娘的回答让翔龙彻底没了脾气。"我讨厌蛮横的海盗,我可是个有正义感的老太太。"海蛇娘如是说道。

听完了海蛇娘的故事,翔龙和奇奇终于明白了大海蛇为什么听到他俩提到郑和会这么火冒三丈了。可不嘛,如果你的祖宗被人放在锅里煮了熬汤喝,你的情绪也不会太好的。

营养丰富的海蛇干

在我国的广东、福建等沿海地区,人们有食用海蛇干的习惯。据有关研究,许多种类的海蛇都具有多种对人体有益的营养成分,比如精氨酸、谷氨酸、赖氨酸等,还含有锌、铜、铁等人体必需的微量元素。

外表迟缓的鸡心螺有多可怕?

鸡心螺也叫芋螺,这是因为它们外壳前方尖瘦而后端粗大,整个螺体形状像鸡的心脏或者芋头而得名。

鸡心螺捕食的武器很隐秘:在它尖端的头部部分,隐藏着一个很小的开口,从这里可以射出一根有剧毒

的"鱼叉"(或称为毒性齿舌),可以一下刺穿猎物的身体并注入毒液,从而捕获猎物。

鸡心螺的"鱼叉"是由其齿舌进化形成的,它中空且尖利,与齿舌的根部连接在一起。当鸡心螺发现猎物时,它就将细长管状的喙伸向猎物,同时通过肌肉的剧烈收缩,猛地将注满毒液的"鱼叉"从喙里像出膛的炮弹一样射到猎物身上,剧毒的毒液可以瞬间将猎物麻痹,从而使它们失去反抗的能力。

七、沉没海底的海盗船

关于海蛇帮，翔龙还有许多疑问，正好可以向海蛇娘打听一下。再说那些海盗追兵肯定还守在外面呢，就让那条对眼鱼和他的小喽啰们多喝几口蛤蜊子味的海风，自己和奇奇在红树林里好好休息一会儿。

"老婆婆，我想问一下海盗们的那个头目，就是那条大海鳗，他的个头比海蛇帮帮主大很多，力气好像也很大，可是他为什么那么害怕大海蛇呢？"翔龙一时没有想起海鳗肉头的名字，干脆叫他大海鳗，反正他也是条货真价实的海鳗鱼。

"是啊，老婆婆，这可真是很奇怪呢。"奇奇一想起海鳗肉头在大海蛇面前那毕恭毕敬的模样，就直想乐。

"哦——你们说的是那个脑门上长了一个大肉瘤的傻大个啊，"看来海蛇娘也不怎么喜欢海鳗肉头，"他是个又傻又笨的可怜虫，因为大海蛇总是吓唬他要用自己的毒牙咬死他，傻大个就相信了，实际上我们海蛇的毒牙对于海鳗家族来说根本没有任何作用。"海蛇娘来了个家族秘密大揭底，如果大海蛇听见了，

多半当场就晕菜了。

有心的奇奇牢牢把这个秘密记在了心里,说不定什么时候就可以派上用场了呢。

海蛇娘的年纪虽然很大了,可是却像老顽童一样,她竟然兴致勃勃地和奇奇、翔龙玩起了猜谜语的游戏。玩游戏,奇奇和翔龙当然喜欢啦,他俩热情高涨,等着海蛇娘出谜题。

海蛇娘的谜语多得像天上的星星,只见她略微想了一下就出了一个很有趣的谜题:"像鱼不是鱼,一生住海里。远看像喷泉,近看像岛屿。"(打一个海洋动物名,答案见本节知识小贴士)

海蛇娘刚说完,奇奇和翔龙就认真地思索起来,现在两个好朋友可成了竞争对手,他俩都想第一个猜出谜语,获得老婆婆的夸奖。现在海蛇娘在他俩的眼里,就是一个慈祥的老奶奶,简直比亲奶奶还要亲呢!

翔龙的见识毕竟还是多些,他最先猜出了谜语,海蛇娘嘿嘿乐了,用尾巴不断抚摸他的脑袋夸奖道:"嘿嘿,真是一个聪明的小海龟。"

见被翔龙拔了头筹,奇奇当然不服气啦,他缠着海蛇娘让她再出一个谜语,两人重新来比过。

海蛇娘坐在树根上被奇奇摇得东倒西歪的,她笑眯眯地赶紧说道:"好吧,我就再出一个,这次你可要听好了,要是再被你的好朋友抢了先,你可不许哭鼻子哟。"

"嗯。"奇奇很大声地应答了一声,认真地点了点头,机灵的大眼睛紧紧盯着海蛇娘已经有些干瘪的嘴巴,等着她说新的谜语,那模样就像站在百米跑道上等着发令枪响的短跑选手。

翔龙也不甘示弱,他催着海蛇娘道:"老婆婆,您快说新的谜题吧,嘿嘿,这次我一定还是最先猜出来的。"

"嘿嘿,两个不服输的小家伙,我喜欢。"海蛇娘笑眯眯的,出了新的谜题,"长得像朵花,引诱小鱼虾。触手捕食物,张牙又舞爪。"(也打一海洋动物名,答案见本节知识小贴士)

这次奇奇可没有让机会溜走,因为这种动物在南海的礁石群里很常见,他眼珠一转就猜出了谜题,果然被他猜中了,海蛇娘也夸奖了他,奇奇兴奋地在原地转了好几个圈,还差点蹦出了海面。

虽然和海蛇娘在一起的时光很愉快,可是终究还是要离别的。但是如何走出迷宫般的红树林,又如何避开可能还守候在外面的海盗们,可难坏了奇奇和翔龙,于是他们请教了无所不知的海蛇娘。

"哦——这个呀,"听完他俩的问题,海蛇娘显得胸有成竹,"老婆婆我当然有办法啦,要不然不是在这里白住这么久了吗?"

"真的,老婆婆?"翔龙和奇奇大喜过望。

"当然是真的。"海蛇娘好像根本不觉得这是个难事。

"太好啰,婆婆您可真厉害。"翔龙和奇奇忍不住欢呼起来。

海蛇娘告诉他俩,从她住的这棵大红树一直向西,遇到岔路口就看水面上方的树枝,如果有一道刻痕就是通往出口的路,径直朝前走就可以了,而其他的路都是死胡同或者盘桓路,绕来绕去最后一定又会走回老地方,永远都甭想走出去。

听了海蛇娘的话,奇奇和翔龙都倒吸了一口凉气,如果不是遇到老婆婆的话,他俩只怕要困死在红树林里了。

他俩依依不舍地告别了慈祥的海蛇娘,按照老婆婆告诉的方法朝前走,果然,在每一个可能迷路的岔路口,水面上方的树枝都有一道刻痕标记。这些刻痕很浅淡,如果不知道这个秘密是不会发现这些指路标记的。

越往前走,红树林明显稀疏起来,看来很快就可以走出去了,奇奇不由感叹道:"老婆婆的办法可真管用啊。"

"是啊，不过现在树木少了，我们藏身就没有那么方便了，暴露的机会也变大了。"翔龙毕竟大一点，考虑问题也比奇奇周全。

听翔龙这么一说，奇奇立马紧张起来，他一边走一边东张西望，生怕不知道从哪棵树后面忽然蹦出几个海盗，把他们抓住。

"嘻嘻，我只是说可能啊。"看着奇奇草木皆兵的样子，翔龙忍不住想笑。

"嘿嘿。"奇奇被说得有些不好意思了，也觉得自己反应过度了。

说话间他俩已经来到了红树林的边缘，翔龙让奇奇躲在一棵茂密的大红树后，自己悄悄从水下潜出红树林打探外面的动静，这样目标可以小一些。他先从水下向两边张望了一会儿，发现没有海盗们的踪影，他又不放心地悄悄把脑袋探出海面，也没有发现什么异常。

"奇奇，没有海盗，我们快走吧。"翔龙回头小声招呼奇奇道。

一直紧盯着翔龙的奇奇这才把心放下，他快速游到翔龙身边，两个好朋友一起朝通向印度洋方向的海峡出口游去。

海蛇娘指引的路果然不错，海盗们好像并不知道这个出口，奇奇和翔龙向前游了很远，也没有看见一个海盗的踪影。

"看来我们已经摆脱这些让人讨厌的海盗了。"奇奇开心地说道。

"是啊，希望再也不要看见他们了。"翔龙一想到大海蛇要毁掉他的宝贝地图，心里就有些不寒而栗。

顺着幽蓝的深水又游了一会儿，眼尖的奇奇忽然惊讶地喊道："翔龙，快看，那些是什么？"

他俩顺着陡峭的海岸前进，前方是一些纵横交错的海底深沟，海沟之中，东倒西歪地躺着一些体型庞大的物体，只是被厚厚的泥沙和海草覆盖着，很难判断出是什么东西。

"我们过去看看。"翔龙被海沟里奇怪的大家伙激起了好奇心，提议道。

奇奇天生是个好奇心重的孩子，他当然不会反对，于是两个好朋友调整了一下姿势，径直朝海底游去。

来到海沟，展现在他俩面前的好像是一座座巨大的海底城堡，他俩渺小得就像两只生活在城堡里的小耗子一样。

"天哪，它们可真大啊。"每到一个"城堡"前，奇奇都会发出一句这样的惊叹。

"奇奇，你可不可以说点别的啊。"在无数次听到奇奇感叹这一句话后,翔龙忍不住抗议道。

"嘻嘻,它们本来就很大嘛。"虽然奇奇被翔龙说得有些不好意思,不过他还是想和翔龙争辩一下。

"你觉得这些大家伙会是什么?"奇奇见翔龙聚精会神地观察眼前的"城堡",忍不住问道。

"不知道,看不出来,它们身上的泥沙和水草太厚了,看样子起码已经在这里几百年了。"翔龙根据"城堡"上厚厚的一层淤泥和层层叠叠覆盖生长的茂盛水草推测道。

"几百年?有这么久?那岂不是和大英雄郑和打海盗的时间差不多了?"奇奇吃惊道。

实际上奇奇说这句话完全是无心的,可是却提醒了翔龙。

"我们来搜查一下,也许这些大家伙真的和大英雄郑和打海盗有关呢。"翔龙激动地说道。

"可是怎么搜查啊?"奇奇也被翔龙说得兴奋起来,可是看看眼前的这些庞然大物,他又觉得自己实在是太渺小了。

翔龙围着眼前的一座"城堡"转了一圈后,有了主意:"我们先拂去这些泥沙和水草,看看下面是什么。"

奇奇表示同意,两人说干就干,立马动起手来。

只见翔龙张开大嘴,深深吸满一口水,然后猛地朝眼前的一块泥沙喷去,原来他是想用水流把"城堡"表面的淤泥冲走。

翔龙的想法挺好,可是他忽略了激流冲击泥沙后会出现什么样的后果,只见一大片浑浊的泥沙水雾在他面前升起,没等他反应过来就被完全包围了。

"喀——喀——"翔龙在泥水雾中发出一阵阵剧烈的咳嗽,奇奇都快看不到他的身影了。

奇奇赶紧上去帮忙,他用自己有力的尾巴猛烈抽动海水,很快就驱散了浑浊的水雾。"翔龙,你怎么样?"他关心地问道。

"我没事。"翔龙不想让好朋友担心,可是紧接着又是一阵剧烈的咳嗽,刚才他都快被泥水呛得喘不过气了,大张着嘴喝进去不少泥沙牌"海水可乐"呢。

"看我的。"眼见翔龙这招不管用,奇奇想起自己刚才用尾巴给翔龙驱散泥水的效果,心里有了主意。

"你可要当心啊。"翔龙有些不放心,生怕奇奇重蹈他的覆辙。

"你就瞧好吧。"奇奇倒是很有信心。

只见奇奇摆了一个很奇怪的姿势:他尾巴朝后侧着身子,然后猛烈地左右摆动尾巴,一股湍急的水流猛地朝"城堡"上的厚淤泥冲去。翔龙被刚才的泥水雾

折腾怕了,他赶紧躲得远远的,生怕泥水又呛到他。

随着奇奇不断摆动尾巴,厚厚的淤泥被冲刷得越来越薄,最后终于露出"城堡"的一角,仔细一瞧,原来是一大块木头。

"啊——我知道了,这些大家伙肯定是沉入海底的大木船。"等泥水消散后,翔龙盯着木头看了一会儿,得出了自己的"高论"。

"木船?这些船为什么会沉在海底呢?"奇奇一时没有明白。

"哦——我知道了,这些肯定就是当初被大英雄郑和的船队打沉的海盗船。"翔龙想到海蛇娘讲的故事,忽然恍然大悟。

"对,肯定是这样。"奇奇也明白了。

郑和下西洋的宝船

据《明史·郑和传》记载,郑和的宝船共有62艘,最大的长148米,宽60米,是当时世界上最大的木帆船。

船有4层,船上的9根桅杆可挂12张船帆。船上的锚有几千斤重,要动用数百人才能起锚航行。

郑和的船队真的在马六甲海峡遇到过海盗吗?

书中海蛇娘讲的郑和的船队在马六甲海峡大战海盗的故事当然是真的。这场激烈的大战发生在1407年,在郑和第一次下西洋回国的途中,当他们准备驶过马六甲海峡进入南海的时候,遭遇了可怕的海盗。

海盗们的势力很强大,而且很贪婪,装载大量宝物的郑和的船队他们是无论如何也不会放过的。和海蛇娘所讲的偷袭不同,狡猾的海盗们采用了更卑鄙的诈降诡计,妄想打郑和的船队一个措手不及。但是郑和对此早有准备:240多艘海船中,至少有40多艘配备了当时最先进的航海仪器和武器装备,多达27 800人的船员也保证了充足的战斗力。可以说像这样大规模的船队,如此精良的装备配置,不仅在中国历史上是头一次,在世界航海史上也是前所未有的。

　　这场战况空前激烈的大海战最终以郑和船队大获全胜而落幕。不过大家可能不会想到的是,这伙海盗的头子竟然来自中国广东潮州地区,名字叫陈祖义,绰号"海盗王"。在明朝洪武年间,陈祖义全家跑到南洋当海盗,从此盘踞马六甲海峡十几年。

　　最后,我们来揭晓海蛇娘的谜题,是鲸鱼和海葵。怎么样,大家猜对了吗?

八、沉船下隐秘的暗道

"我们进去看看吧。"翔龙提议道,为了进一步证实这些沉船就是当初的海盗船的猜想,他俩决定进入木船内部,寻找一些更能证明沉船身份的物件。

为了使搜寻更有目的性,他们特地挑了一艘最大的沉船,只见这艘沉船比海洋里最大的鲸鱼还要大好几倍。沉船表面千疮百孔,到处都是黑乎乎的大洞,这些多半就是当年激烈海战时,被郑和船队猛烈的火炮击中后留下的弹孔,也可能是导致它最终葬身海底的原因之一。

选了一个较大的破口,翔龙和奇奇先后游了进去,他俩眼前的光线顿时就暗淡了下来,过了好一会儿才能勉强看见里面的陈设。

"呀——里面可真宽敞啊。"奇奇看清了周围的环境惊叹道,只见在他的四周,宽敞得好像一座球场,只是里面空荡荡的,除了一些从头顶垂落的喜欢阴暗生长环境的海藻,再无他物。

"是挺大的,可是里面什么都没有,我们怎么证实这些沉船的身份呢?"翔龙有些泄气。

可是奇奇对于这些沉船到底是不是被击沉的海盗船倒不是很在意,他仍然兴奋地四处游走,东瞧瞧,西望望,对沉船里的每一个拐角旮旯都充满了好奇——要知道这还是他第一次到人类的船里面来参观呢,更何况还是一艘几百年前的文物船。

沉船的内部空间很大,而且被分隔成了许多相对独立的空间,虽然经过海水长时间的腐蚀已经让它们不复当初的模样,不过依稀还是可以看出当年复杂的内部结构和精致的装饰——这一定都是海盗们利用抢劫来的财富建造出来的。

他俩在沉船里东瞅瞅西看看,不知不觉进入了船舱的深处,这里光线更加暗淡,需要瞪大眼睛才能勉强看清面前的东西。

正走着,翔龙忽然发出一声惊呼:"哎哟——什么东西啊,疼死我啦。"紧接着就听到一阵骨碌碌滚动的声音,似乎是翔龙碰到了什么东西。

"翔龙,你怎么了?"奇奇赶紧关心地问。

"没事,我就是没注意一脚踢到了什么东西,感觉特别硬,硌得脚疼。"翔龙怕奇奇担心,赶忙解释道。

"特别硬的东西?"奇奇立刻好奇起来,他游了过来准备查看一下。

东西圆溜溜的,斜躺在几米外的地方,两人凑近一看,才发现是一个半圆中空的物品,黑乎乎的,看不出是什么东西。

当当当——

奇奇用自己脑袋上坚硬的头骨片碰了碰,圆东西发出一阵洪亮带着颤音的悦耳声音。

这是什么奇怪的玩意?奇奇看着翔龙,这是他每次遇到稀奇古怪玩意时的下意识动作,好像见多识广的翔龙一定会知道似的。

果然翔龙这次也没有让他失望,只见他绕着圆东西观察了一圈后忽然兴奋地喊道:"哈——这个东西我见过,这是以前士兵戴在头上的头盔。"这也是他从电视上看来的。

头盔?戴在脑袋上的?奇奇可是第一次见,他好奇地把脑袋伸了进去,顿时眼前漆黑一片,吓得奇奇赶紧退了出来。

"哈哈,我来试试。"想到这可能是大英雄郑和的船员曾经戴过的头盔,翔龙就很兴奋。

翔龙把头盔往自己的脑袋上一扣,还别说,正合适。"怎么样,好看吗?"他臭美地在原地转了三圈,让奇奇评价。

"嘻嘻,不错,像个真正的海盗。"奇奇故意说道。

海盗?!奇奇的话提醒了翔龙,他眼珠转了转忽然

有了一个"坏"主意,他想和奇奇开个玩笑。

"我就是海盗,世界上最凶残的海盗,小家伙,快把你身上的财宝都交出来。"他故意把嗓门憋得很嘶哑,张牙舞爪的,一副很凶恶的模样向奇奇逼近。

"啊——"奇奇本来在漆黑的沉船里就有些害怕,又在阴暗的光线里看见翔龙这副怪异的模样,吓得掉头就跑。

"哈——海盗来啦——可怕的海盗来啦——"见奇奇被吓跑了,翔龙心中暗笑,他故意大喊大叫,跟在后面追赶。

马六甲海峡的海盗

奇奇逃了一会儿,受惊的心渐渐平复下来,听到翔龙在后面故意鬼哭狼嚎地吓唬自己,他心里很是不痛快,心想:"好啊,翔龙,你竟然敢吓唬我,我也来吓唬吓唬你。"想到这儿,他突然停步,然后猛地掉头朝翔龙冲去,一边冲,嘴里还一边大叫:"打海盗,大家都来打海盗啊。"

翔龙没有想到奇奇忽然会采取转守为攻的策略,不知所措的他赶紧转身就跑,免得真的被当作海盗打了。就这样,沉船里呈现了一幅搞笑的画面:一个凶神恶煞的海盗被路人追着四处逃跑了。

就这样,两个好朋友一会儿是路人追海盗,一会儿又是海盗占了上风追路人，把原本翔龙的一场恶作剧变成了一个好玩有趣的"抓海盗"游戏。

追逐中，他俩偶然闯入了一个很隐秘的房间，里面堆满了锈迹斑斑的兵器，有长矛、大刀、佩剑，还有许多奇形怪状叫不出名字的兵器。

在房间的一角，翔龙还发现了一件很有趣的东西——一副几乎完好无损的盔甲。经过海水几百年的侵蚀，盔甲依然银光闪闪，可见当初铸造它的工艺有多么高超了。

"奇奇，快过来，你穿上这副威风的盔甲，就会是一个很厉害的海盗了。"翔龙见盔甲很适合奇奇穿，便招呼在屋子里东张西望几乎看花了眼的奇奇。

"不，我要当英雄。"奇奇脖子一梗道。

"好吧，你当大英雄，我是让人讨厌的海盗，行了吧。"有的时候，翔龙还是很有当哥哥的风度的。

听说让自己当大英雄，奇奇欢天喜地地奔了过来，他把脑袋从盔甲的中间伸了进去，还别说，盔甲脖颈处的大小正合适，恰好可以挂在他的身上。

"哈哈——我是大英雄啰。"奇奇开心地叫道。

有了带劲的行头，两人玩起"抓海盗"的游戏就更加起劲了，他俩兴高采烈地在沉船间钻来钻去，不知不觉来到了最靠近海岸断崖边的一艘沉船前。

现在是"海盗"翔龙占了上风,"大英雄"奇奇被追赶着一头钻进了沉船,眼前忽然一黑,让他放缓了行进的速度,免得被犬牙交错的朽烂木头碰了脑袋。

等眼睛稍微适应了一下船舱里阴暗的光线,他习惯性地打量了一下四周的环境,只见和大多数沉船一样,里面也是空荡荡的,当初的富丽堂皇早已被历史的风雨吹打得烟消云散了。

"大英雄奇奇,你快藏好了,我这个可怕的海盗可要闯进来了。"船舱外忽然传来紧追不舍的翔龙戏谑的声音。

奇奇见翔龙追来了,他赶紧四处张望,想找个隐蔽的地方先躲起来,然后等翔龙进来后趁他不注意再猛地跳出来吓他一跳——奇奇对自己忽然冒出的这个想法很是得意。

他很快在船舱里一个很阴暗的角落找好了藏身之处,那儿几乎一片漆黑。最让他满意的是,藏身的角落在翔龙进来后正好在他的身后,这样自己出其不意跳出来的时候,恐吓的效果不要太好哟!

奇奇一头扎进黑暗的角落,他刚想把尾巴也收进去,就听角落里传来呼噜呼噜的声音:"哎哟——谁啊!大白天的也不让人好好睡觉,挤着我的肚子啦。"实际声音很细小,但是在寂静的深海船舱里听起来就如同在闹市街头拿大喇叭广播的效果。

没有心理防备的奇奇被吓了一大跳,他赶紧急速地从黑暗的角落里退了出来,由于太过仓促,差点和恰好从舱外闯进来的翔龙撞到一起。

"哈——我可抓到你了。"抓到奇奇的兴奋让他忽略了奇奇发愣的反应。

"奇奇,你怎么了?"见奇奇半天没反应,翔龙才发现情况好像有些不对,只见奇奇目光发直,愣愣地看着前方那漆黑的角落,好像大白天撞见了鬼一样。

"奇奇,你快说话呀,可不要吓唬我哦。"翔龙见奇奇还在发愣,用力地摇了摇他的身体。

猛烈的晃动让奇奇回过神来。"角……角落里有东西。"他有些结巴地说道。

"是海盗吗?"翔龙以为有海盗隐藏在黑暗的角落,立刻紧张起来,可是等他仔细观察了一番后,什么异常都没有发现。

"嘻嘻,什么海盗,是我啦。"角落里忽然发出努力忍着笑的说话声,紧接着一个圆乎乎胖嘟嘟的身影从一片黑暗中飘了出来。

翔龙和奇奇都下意识地后退了几步,等他俩看清了身影的模样,立刻就被惊呆了,因为出现在他们面前的这个小家伙实在是长得太可爱了:个头不大,比一只大鸭梨可能也大不了多少，圆滚滚的身子胖嘟嘟的脸，还有一对忽闪忽闪的大眼睛——整个看起来就像一头超级可爱的卡通小猪。最特别的是在他的脑袋顶上，还长着许多柔软的触手，看起来就像小猪头上长着一圈洋气的卷发。

"哈——他长得真是太可爱了。"奇奇立刻放下了戒备，对这个刚出现的小家伙充满了好感。

"哈——朋友，你是谁啊？"翔龙也对小家伙充满了好奇，因为他的长相实在太少见了。

"嘻嘻——那你们是谁啊？"小家伙脑子倒是挺聪明，竟然反过来打探起翔龙和奇奇的底细来。

翔龙大方地介绍了自己和奇奇，听完他俩的介绍，胖嘟嘟的小家伙满脸羡慕地说道："哈——原来是两位大英雄啊，真是失敬啊，真羡慕你们可以去那么多的地方游览。"

"现在可以告诉我们你的名字了吧？"奇奇非常喜欢面前这个可爱的小胖墩。

"嘻嘻，我是一条鱿鱼啦，因为我的模样长得特别像可爱的小猪，所以大家都叫我小猪鱿鱼。"小家伙不再隐瞒自己的身份。

小猪鱿鱼！听到这个可爱的名字奇奇和翔龙都觉得实在是太合适不过了，可不嘛，他的模样实在太像

一头可爱的小猪了。

"你一个人住在这儿不害怕吗?"奇奇打量了一下黑漆漆的船舱道。

"嘻嘻,我们是深海生物,喜欢待在阴暗的地方,而且这里很安静,平时很少有人来这儿,反而更安全。"小猪鱿鱼笑嘻嘻地解释。

听了小猪鱿鱼的话,奇奇和翔龙觉得很有道理,他俩一路在这些沉船间走过,确实没遇到其他的海洋居民。

"那你刚才在哪儿啊,我怎么没看见你?"奇奇想到刚才的事,有些想不通。虽然小猪鱿鱼藏身的角落特别黑暗,但是也不至于他躺在那儿睡觉自己都看不到啊。

"嘻嘻,你不知道,角落里的木头上有个小凹槽,很像一张床,我就舒舒服服地躺在凹槽里,你自然不容易发现我啦。"小猪鱿鱼给他们揭开了自己的隐身之谜。

小猪鱿鱼

海上丝绸之路大冒险

"在哪呢,我来看看。"翔龙有些冒失,他想看看小猪鱿鱼舒服的安乐窝是什么样子的,于是伸着脖子在角落里乱看,没想到没看清和船板的距离,结果一头撞到了船板上。"哎哟——"他大喊道。

他的喊声还没有停,只听"咔嚓嚓"一阵连响,可能是腐朽得太厉害了,角落里的木板竟然被翔龙无敌的"铁头功"撞塌了一大块,后面露出了一个圆乎乎的大洞。

"哇——"小猪鱿鱼吃惊地叫了起来,他实在想不到,自己住了这么久的安乐窝后面,竟然还藏着这么隐秘的一个暗洞。

郑和到过的东南亚国家

在7次下西洋航行中,郑和的船队到过的东南亚国家很多,具体有越南、菲律宾、马来西亚、泰国、柬埔寨、印度尼西亚、文莱等。直到现在,这些国家的许多地方还保存有郑和水井、郑和庙等与郑和有关的古迹,用来纪念郑和船队与东南亚各国人民的友好往来。

奇奇海洋知识千千问

可爱的小猪鱿鱼有多萌？

奇奇在沉船里意外遇到了一只小猪鱿鱼，那么他到底有多萌多可爱呢？

小猪鱿鱼在动物界的分类属于头足纲七腕目枪乌贼科，名字来源于它的外貌：胖胖的身子，大大的眼睛，脑门上还长着一圈可爱的"毛发"，怎么看都像是一头超级可爱的卡通小猪。而且小猪鱿鱼的眼睛还会发光，胖嘟嘟的脸好像总是笑眯眯的，让你一看见就会不由自主地喜欢上它。

小猪鱿鱼主要生活在水深200米到1 000米的深海，个头不大，娇小的只有一只大鸭梨大小。它们常常以倒立的姿势在水里游泳，同时眼睛朝上看，这个时候用来捕食的触手就竖立在了眼睛上部。看到这里大家明白了吧，小猪鱿鱼脑袋上所谓的那一圈可爱的"毛发"实际是它的触手，是不是很有趣啊。

九、阴魂不散的追击者

"这是什么洞啊?"翔龙探头探脑地在暗洞口朝里面张望了几眼,里面黑漆漆的,显得很阴森恐怖,像一只怪兽的大嘴。

"我……我不知道啊。"小猪鱿鱼虽然是这儿的老住户,但他从来不知道自己温馨的小窝后面还有这么一个暗洞,说实话,他吃惊的程度一点不比奇奇和翔龙少。

"奇奇,我们进去看看怎么样?"翔龙对暗洞充满了好奇,于是提议道。

"我……"奇奇有些犹豫,因为黑漆漆的暗洞看起来实在有些瘆人。

"这个暗洞说不定和海盗们有关哦,而且还可能是海盗们藏宝的地方呢。"这会儿翔龙一个又一个古怪的想法像走马灯般在他的脑海里闪过。

翔龙的猜测打动了奇奇。"那……那我们就进去看看吧。"他终于下定了决心。

"哈哈,太好了,我就知道你会答应的。"见奇奇同意了,翔龙显得很兴奋。被强烈的好奇心折磨的痛苦,那些对什么都不感兴趣的人是不会理解的。

"你们……你们真的要进去啊？"小猪鱿鱼对他们的决定感到很惊讶，不得不说他是一个心地善良的小猪鱿鱼。

"要不你也一起来吧，里面说不定很好玩呢。"翔龙热情相邀，他盘算的是多一个人可以给自己和奇奇壮壮胆。

"是啊，你也跟我们一道吧。"单纯的奇奇也热情地邀请道。

"不不不，还是……还是你们进去吧，我……我在外面给你俩守着。"小猪鱿鱼听了他俩的话吓得连着后退了好几步，头顶搞笑的"头发"神经质地摆动着。

见小猪鱿鱼不愿进去，翔龙和奇奇也不勉强。"那你就在外面替我们守着，一定要等我们出来哦。"翔龙叮嘱道。

"嗯——"小猪鱿鱼很坚定地点了点头。

看着黑漆漆的洞口，心里没底的翔龙深吸了好几口气，等他自己觉得勇气酝酿得差不多了，扭头对奇奇说道："我们进去吧。"

奇奇点了点头，由于洞口很宽敞，两人肩并肩地游了进去。

"你俩要当心啊。"身后传来小猪鱿鱼关心的喊声。

"嗯——我们会注意的。"远远地传来一声有些带着回音的应答,听声音应该是奇奇。暗洞里光线实在是太昏暗了,一转眼的工夫,小猪鱿鱼的视线里就不见了他俩的身影,能看见的只是一个无限延伸的墨黑色圆环。

不仅小猪鱿鱼是这样的感觉,进入暗洞的奇奇和翔龙也是同样的感受。现在他们什么也看不见了,只能在暗黑无边的世界里摸索前进。

"翔龙,你在哪儿?"虽然感觉翔龙就在身边,可是奇奇一扭头眼里只有一片漆黑。

"别担心,我就在你身边呢。"身侧果然传来翔龙熟悉的声音,几乎就在耳边,距离近得把奇奇都吓了一跳。

"要不我们回去吧?"奇奇有些打退堂鼓。

"现在回去一定会让小猪鱿鱼笑话我俩是个胆小鬼的。"翔龙也有点动摇,不过这样回去又让他很不甘心。

奇奇觉得翔龙的话很有道理,他俩只能硬着头皮继续暗洞探险。

又摸索前进了一会儿,翔龙和奇奇的眼睛渐渐适应了暗洞里的黑暗,虽然还是很模糊,但是已经勉强可以辨识一些物体了。

"这儿看起来可真奇怪。"翔龙几乎鼻子蹭着洞壁仔细观察了一番说道。

奇奇明白他说的奇怪是指什么——这儿的洞壁都很光滑,像是有人特意开凿的。

"难道真的是几百年前的那些海盗修建的暗道?"奇奇看着周围险恶的环境,觉得有些难以置信——这些海盗当初的决心可真是够大的。

"这儿肯定就是他们隐藏抢劫来的财宝的地方,要不他们才不会发傻开凿这里呢。"翔龙越来越相信自己的判断。

在黑暗中又潜行了一会儿,就在翔龙和奇奇都快要失去耐心的时候,前方忽然出现了一丝微弱的亮光,亮光虽然很细微,但是对于这里的环境来说就如同夜空中忽然划过的一颗流星。

"快看,奇奇,前边有亮光。"翔龙兴奋地叫道。

"是啊,我也看到了。"奇奇也兴奋起来。

他俩加快了游动的速度,朝亮光闪烁的地方快速游去。亮光虽然看起来好像就在不远的前方,可是游起来却完全不是那么回事——它不远不近地始终在前方,似乎有意在逗引翔龙和奇奇。

"哼——我就不信我追不到你。"翔龙的暴脾气上来了,咬着嘴唇发狠道。

"对,可恶的亮光,我们一定要追上它。"奇奇也赞同着。

亮光好像很有灵性,它似乎感知到了翔龙和奇奇在加速,也加快了移动的速度,就这样,奇奇、翔龙在狭窄的海底暗道里和亮光展开了一场激烈的追逐赛。最终还是翔龙和奇奇的速度更胜一筹,他俩在一个角落把亮光堵住了。

"哼——看你还往哪儿跑。"翔龙累得不住地喘着粗气,不过语气里透着胜利者的骄傲。

可是等他俩看清"亮光"的真面目,奇奇忽然惊叫道:"啊——你是谁?"原来展现在他俩面前的并不是一束真正的亮光,而是一条发光的小鱼。

"我……我是烛光鱼,你们是谁啊?"翔龙和奇奇的体型比叫烛光鱼的小鱼大得多,他有些胆怯地问道。

"哦——你是烛光鱼啊!你说你跑什么啊,我们还以为你是外面照射进来的亮光呢,害得我们瞎追了半天。"翔龙的口气里透着一丝不满。

"我……我想在洞里找点吃的,忽然见你们朝我游过来,我害怕,所以就……"烛光鱼身长只有几厘米,黑漆漆的暗洞里忽然看见翔龙和奇奇这样的庞然大物,逃跑实在是太正常了。

听烛光鱼这么说,奇奇倒不好意思起来,可不,他和翔龙的举动是有些冒失,他赶紧道歉道:"对不起啊,朋友。"

"没关系。"烛光鱼也很有礼貌。

原来是一场误会,翔龙和奇奇又发起愁来:那海盗们的藏宝地到底在哪儿呢?

"朋友,你知道海盗们的藏宝地在哪儿吗?还有,这条暗道的尽头是哪儿啊?"奇奇抱着一丝希望问道。

"海盗?藏宝地?这个我可不知道,不过这条暗洞的尽头在哪儿我倒是知道。"烛光鱼回答道。

听了烛光鱼的话，翔龙和奇奇的眼睛亮了起来。"你知道暗洞的尽头在哪儿？"他俩几乎异口同声地问道。

"是啊，我经常在这条安静的暗洞里活动，这儿的每一个地方我都很熟悉。"烛光鱼的反应很淡定。

"那你能带我们去吗？"翔龙用恳切的目光看着烛光鱼道。

"当然可以啦，转过这个拐角就可以看见啦。"烛光鱼说得轻描淡写，这大大出乎了奇奇和翔龙的预料。

这时他俩才注意到他们所处的地方是一个大拐角，在拐角的后面确实有一条幽暗的水道，如果烛光鱼不说，他们肯定不会注意到这条比较隐秘的水道。"那你快带我们去吧。"急脾气的翔龙迫不及待地想早点找到海盗们的藏宝地。

"好嘞，你们跟我来。"说着烛光鱼在前面带路，他浑身发光的部位就像自带的小灯笼，虽然亮光很弱，但是在这漆黑的暗洞里，却如夜空中的明灯。

奇奇和翔龙紧跟在后，穿过一段并不算长的水道，眼前忽然豁然开朗，只见他们来到了一个特别大的水潭，水潭上方是中空的山洞。

"暗洞的尽头就是这儿。"烛光鱼在宽阔的水潭里

四处游动了一番,那熟悉的程度感觉就像在自己家里,看来他是经常来这里的。

"哦——就是这儿啊。"翔龙听说这里就是暗洞的尽头,他立刻四处寻找起来,奇奇也不甘落后,跟着到处张望。

两人找得很仔细,连水潭里的每一个岩石缝隙都搜寻到了,可是结果却让人失望——不要说大量的财宝了,连一块小金币都没有找到。

"咦——这是怎么回事,难道是自己分析判断错啦?翔龙感到很困惑,不死心地四处打量着。

他的目光忽然注意到靠近岸边的地方,水面下的岩石排成了一级级台阶,好像是有人故意铺设的,他心里忽然一动,目光越过水面朝岸上看去,发现那里是很大一片空地。

"嘿——我真笨,海盗们就算是在这儿藏财宝,肯定也是藏在岸上的嘛。"翔龙轻拍了一下自己的大脑门道,"我们得上岸看看。"

听说还要上岸,奇奇和烛光鱼都傻了眼,离开水对于翔龙来说不算什么,可是对于他俩来说,那可是要命啊。

"嘿嘿,我一个人上去探查一番就行了。"这时翔龙多少有些得意,怎么样,海龟还是比鱼强吧,翔龙简

直就是全能型人才嘛——不,是龟才。

在奇奇和烛光鱼羡慕的目光中,翔龙像一个出征的勇士,顺着层层高升的台阶一级一级地向岸上爬去。

当翔龙的身影刚消失在灰扑扑的岩石后面,奇奇就在水面上高高地昂着脑袋好奇地问道:"翔龙,你在岸上发现什么了吗?"

"别急啊,让我先搜查一下。"岸上传来翔龙很平静的声音,看来他还没有什么发现。

奇奇和烛光鱼只好在水潭里等着,心急的奇奇不住地在水平如镜的水潭里来回转圈,激起了水面上美丽的涟漪。

就在他俩都等得有些心焦的时候,岸上忽然传来翔龙兴奋的喊声:"哈——我找到啦。"

"翔龙,你发现什么了?"奇奇一听来了精神,他和烛光鱼都使劲把脑袋探出水面,想看清岸上的情况。

"你们看,一块金币,我说这里是海盗们藏财宝的地方吧。"很快岸边出现了翔龙激动的身影,在他摊开的宽大前肢上,平放着一块金光闪闪的金币。

真的是金币哎,终于发现了海盗们的藏宝地,奇奇激动地从水中高高地跃了起来,烛光鱼虽然蹦得没有他那么高,也兴奋地在水面上打了几个漂亮的水花。

"上面是一块很大的平地,地面上还散落着一些同样的金币，靠近石壁的地方还有一个黑乎乎的洞口呢。"回到水里的翔龙向奇奇和烛光鱼描述岸上的情况。

"那海盗们一定是从那个洞口把抢来的财宝运走的。"奇奇也开动脑筋当起了侦探。

"我想一定是这样。"翔龙点头表示赞同。

"烛光鱼，想要离开这儿还有其他的出口吗？"谨慎的奇奇忽然想起了一件很重要的事。

"没有了，出口就是你们进来的地方。"烛光鱼摇头道。

"奇奇,你怎么忽然问这个啊?"兴奋的翔龙一时脑子转不过弯,困惑地看着奇奇。

"我是怕海蛇帮的那些家伙也找到这儿,如果他们把我们堵在里面就麻烦了。"奇奇答道。原来他刚才听翔龙说岸上还有一个出口,一下提醒了他,如果被海蛇帮的家伙们堵在洞里,他们就要被人瓮中捉鳖了。

"对,你说得对,我们快些出去吧。"被奇奇这么一提醒,翔龙也觉得在沉船这儿停留的时间太长了,万一被好不容易摆脱的海蛇帮的那些家伙发现就麻烦了。

发现海盗藏宝地的兴奋被抛到了九霄云外,他俩在热心的烛光鱼的帮助下急匆匆地向洞口游去,想早点和守在洞口的小猪鱿鱼会合。等透着一丝光亮的洞口终于出现在前方,而且看起来很平静没有什么异常的时候,翔龙和奇奇同时松了一口气。

"小猪鱿鱼,我们回来啦,你在哪儿啊?"在离暗洞口还有几步远时,翔龙就开心地召唤新朋友了。

可是很奇怪,洞口静悄悄的,小猪鱿鱼并没有回应,不知道是没有听见,还是等得不耐烦走了。

"小猪鱿鱼,小猪鱿鱼——"翔龙再次提高嗓门喊道。

"嘿嘿——不要叫啦,你们的朋友看见大爷我早就吓得不知道溜到哪儿去了。"洞口忽然传来一阵得意

的阴笑声，听着让人不由自主地浑身起鸡皮疙瘩。

翔龙和奇奇的心里同时咯噔了一下，这声音他俩太熟悉了，是海盗头领比目鱼对眼的声音——糟糕，难缠的海蛇帮海盗们追来了。

可怕的海啸

说到东南亚，大家都记得2004年12月26日发生在印尼苏门答腊岛附近海域的大海啸吧，这次海啸仅印尼就死亡16.6万人。海啸是由海底地震、火山爆发、海底滑坡或气象变化产生的破坏性海浪，波速高达每小时700～800千米，在几小时内就能横穿大洋，具有强大的破坏力。

烛光鱼为什么会发光？

在黑暗的海底世界，有一座我们不熟悉的"海底龙

宫"，即使阳光无法照射到，也整天"灯火"通明，宛如是一个梦幻的水底世界。给这个黑暗世界提供光明的是一些自带照明"灯笼"的深海鱼虾，这其中就有我们下面要介绍的烛光鱼。

烛光鱼属于硬骨鱼纲烛光鱼属，体长一般只有8厘米左右，身体呈卵形，主要生活在200米到500米水深的深海里。烛光鱼全身各处都配置着生物发光器，让它游动的时候如同一个灯火通明的微型豪华游轮，在黑漆漆的深海里看起来格外明亮。

那么像烛光鱼这样的深海鱼类为什么会发光呢？科学的解释是由于这种鱼的身体内有一种特殊的酶，在它的催化作用下引起了生化反应。具体过程是一种可以发光的荧光素受到荧光酶的催化作用，荧光素吸收能量，变成氧化荧光素，然后释放出光子，这样鱼的身体就可以神奇地发光了。而且这是一种化学发光的特殊例子，即只发光但不会产生热量，这样我们就不用担心，发光时间越长温度就越高，最后发光的鱼把自己烤熟了。

十、谁勇敢谁是强者

见是海盗们来了,烛光鱼吓得赶紧熄灭了身上的"灯笼",躲进了黑暗里,他一直生活在这里,早知道这些家伙不是好惹的。

翔龙和奇奇也互相对视了一眼,他俩从彼此的眼神里都读出了同样的内容:麻烦来了。不过他俩更担心小猪鱿鱼的安危,勇敢的奇奇和翔龙从暗洞里钻了出来,直接面对气焰嚣张的海盗们。

"你们这些坏蛋把我们的好朋友小猪鱿鱼怎么样了?"翔龙怒气冲冲地质问道。

"对,快说,你们这些坏蛋。"奇奇也在一边帮腔。

对眼没想到他俩被自己堵住了却没有害怕,愣了一下才嬉皮笑脸满不在乎地说道:"一个玩具似的小玩意儿,谁在乎他啊,见我们来了就溜了——话说你们这位好朋友可不怎么够义气啊。"对眼最后还不忘挑拨他们之间的关系。

翔龙和奇奇听说新朋友安全逃走了,不由暗暗松了一口气,他们知道,要是小猪鱿鱼落在这帮家伙的手里,可有他好受了。

听到奇奇和翔龙首先关心自己的安危，躲在船舱外一个破洞口小心翼翼朝里面观望的小猪鱿鱼感动得不得了，他在心里暗暗祈祷道："万能的海神啊，请你保佑我的好朋友们吧。"这是此刻他唯一能为自己的朋友们做的了。

翔龙和奇奇当然不知道小猪鱿鱼就躲在附近为他俩祈祷，他俩现在首先要面对的是如何从海盗们的包围之中逃走。

本来知道自己被海盗们包围的时候，两人心情很紧张，可是看清了对方的情况后，他俩都觉得很庆幸，原来海盗们人数并不多，除了咋咋呼呼的比目鱼对眼外，就只跟着3个海蛇小喽啰。

对眼很狂妄，他见翔龙和奇奇一直不说话，以为他俩怕了自己，于是咧着大嘴得意地奸笑道："嘿嘿，两个小混蛋，快点投降吧，让大爷轻松抓了你俩，说不定我还会在帮主面前给你们求个情，留个全尸。"对眼自信地说，好像抓住翔龙和奇奇他手到擒来似的。

"对，快点投降，省得我们海蛇帮的大爷们费事。"主子猖狂，一个小喽啰也跟着学样。

"对眼头领，让小海龟先把地图交出来，免得被别人抢了功劳——帮主他老人家可特地嘱咐一定要把地图夺回来的。"另外一个小喽啰很精明，他提醒主子道。

比目鱼对眼一听很对,先把地图拿到手再说,免得不注意被对手海鳗肉头钻了空子——这次可是自己先把两个逃犯追到的,无论如何这个头功自己都要抢到。

"小海龟,快把地图交出来。"对眼气势汹汹地用自己滑稽的一对眼睛盯着翔龙,他们都亲眼看到翔龙把地图叠好藏在了脖子后面的龟甲下。

"嘻嘻,有本事你们就来拿呀,地图就在我身上。"翔龙笑嘻嘻的,一副有本事你就放马过来的架势。他刚才和奇奇已经用眼神交流好了,在分析了双方的实力后,他俩觉得对方只有这么几个海盗,根本没必要怕他们——他俩决心要好好和对方较量一番。

对眼被翔龙轻松的笑容搞迷糊了,他一时分不清小海龟灿烂的笑容是因为怕了他们,讨好的笑,还是蔑视他们,嘲讽的笑,他愣了一下,一摆头示意小喽啰上去拿地图。

那个提醒对眼的小喽啰生怕这个功劳被同伴抢了去,赶紧抢先上前。只见他摆出一副海盗大爷的派头——腆着肚子高高昂着脑袋,大摇大摆来到翔龙的面前。

"小海龟,快把地图乖乖呈上来。"他觉得只要自

己一开口,翔龙肯定就会乖乖把地图交出来。

谁知翔龙的反应让他吃了一惊,只见翔龙嘴角一撇,鄙视地看了他一眼道:"有胆量你过来拿。"

小喽啰气坏了,他横眉怒视道:"敢跟海蛇帮的大爷耍横,看我怎么收拾你。"说着他摩拳擦掌要上前教训一下不开眼的小海龟。

翔龙的姿势没有动,仍然保持着歪头斜眼看对方的轻视架势,但是他心里暗暗戒备,准备一旦海盗靠近就给他来个当头一击,让他当场出丑。

小喽啰看着翔龙满不在意的样儿,有些心虚,他犹豫了一下,不禁回头看了一眼对眼,对眼把眼睛一瞪,那意思是怕什么,快点动手,有老大我在这罩着呢。得到眼神鼓励的小喽啰重新壮了壮胆,把心一横来到翔龙面前,伸头就朝翔龙脖子后面探去,准备张嘴把地图叼走。

"哈——你上当啦。"翔龙开心地大笑道,他等的就是这个机会。

翔龙出其不意的叫声把小喽啰吓得一哆嗦,还没等他反应过来,就见翔龙使出自己的绝招——秋风扫叶掌——只见他侧着身子平伸着自己宽大的右前肢,然后猛地向对方细长的身子砍去。这可是翔龙从电视上学来的绝招,上面的一个武侠高手就是使用这"左

砍树右砍树"的绝招打败了许多仇敌的。当时翔龙就觉得这招很适合自己,因为自己两个宽大有力的前肢可天生就是为使用这招准备的。

翔龙迅雷不及掩耳的绝招——"秋风扫叶掌"根本就不是海蛇小喽啰可以抵挡的,只见他还在愣神的工夫,翔龙的掌就劈到了他的身上,只听这个倒霉的家伙"哎哟"惨叫一声,细长条的身子就像一条破草绳似的飞了出去。一击得手的翔龙得势不饶人,他快步紧跟上前,只见他左右开弓,来回抽小喽啰的嘴巴,把这个倒霉的家伙抽打得如一个旋转的陀螺。

"好啊,翔龙,给我狠狠地打,好好教训一下这些可恶的强盗。"一边的奇奇看着很解气,大声为好朋友助威。

远处偷窥的小猪鱿鱼也看到了这精彩的一幕,他一边在心里给翔龙加油,一边暗笑,心想这些平时作威作福欺负弱小居民的海盗也有今天啊,真是解恨。胆小的烛光鱼听外面叫嚷得热闹,也忍不住偷偷躲在暗洞口一个极其隐蔽的角落朝外看,见是翔龙在出手教训海盗,他也高兴得手舞足蹈的。

对眼和另外两个小喽啰见对方竟然敢动手,一时都有点被吓傻了。"这……这……这……大胆,简直是吃了熊心豹子胆啦,竟然敢打我的手下,还不快给我

住手。"对眼一时间都不知道说什么好了。

"快……快住手,我们老……老大命令你住手。"他身后两个狐假虎威的小喽啰说话也不由得结巴起来。

"哼——你们让我住手我就住手啊,我偏不住手,我偏使劲打。"说着,翔龙掌下一使劲,用力击出3掌。只听"啪啪啪"响亮的3声,紧接着一个烂草绳似的身

马六甲海峡的海盗

影朝海盗们站立的地方飞了过去。

"哎哟,摔死我了。"

"妈呀,砸死我了。"

不知道怎么这么巧,飞出去的小喽啰正好砸在对眼的身上,差点把他砸得咽了气,本来就有点斗鸡眼的一双眼睛更是瞬间并到了一起,成了名副其实的对眼了。本来对眼是想躲的,可是他的身子是扁的,面积比较大,动作稍微慢了一点就没有躲开。

一边旁观的两个小喽啰看头领和同伴都瘫在了地上,忍着笑赶紧上去搀扶,翔龙和奇奇可不管这些,他

俩大声嘲笑道："哦——大家快来看啊，地上有两摊烂泥哦。"躲在暗处看热闹的小猪鱿鱼和烛光鱼乐坏了，差点笑出了声暴露了自己。

好不容易对眼才在手下的搀扶下爬了起来，他气急败坏道："好啊，小海龟，两个小混蛋，我绝不会放过你们，我一定要给我手下的弟兄报仇。"说着，他气势汹汹地朝翔龙扑了过来。

翔龙打顺了手，信心也上来了，这会儿他才不会畏惧面前的这几个海盗呢，只见他摆好架势，准备和比目鱼对眼动手。

对眼这家伙平时咋咋呼呼的，借着海蛇帮的名头欺负人，实际上他根本就没有什么大本领，本来他以为只要自己一出马，对面的两个小家伙一定就会吓得掉头就跑，可是结果完全不是这样，这倒让他自己忍不住心虚起来。

开弓没有回头箭，眼见就快撞到翔龙身上了，对方还没有逃跑的意思，没办法，对眼只好硬着头皮动手了。"看我的飞沙走石大法。"说着，他扁平的身体贴近地面，身体边缘像扇子一样用力扇动起来，顿时海底的泥沙都被他搅动起来了，一股呛人的泥沙水雾向翔龙当头飘来。

翔龙什么都不怕，就怕这呛人的泥沙水雾。"哎呀——奇奇，快跑。"翔龙见对方的泥沙攻势异常猛烈，比自己之前遇到的不知道要厉害多少倍，吓得转头就跑。

"哈哈——怕了吧，知道你家对眼大爷的厉害了吧。"对眼见自己刚一出手就吓跑了不可一世的小海龟，不禁有些意外，他得意地大笑起来，更加用力地扇动海底厚厚的淤泥，顿时一股更加浓厚呛人的泥沙水流向着翔龙和奇奇的方向冲击过来。要知道这家伙整天在泥沙里活动，呛人的泥沙只会对对手有杀伤力，他自己可是毫无畏惧。

"哈——老大，你实在太厉害了，一出马就打败了这不知天高地厚的小海龟，老大，加油啊，争取用泥沙把他俩呛死，这样我们弟兄就省事了。"见头领占了上风，本来有些泄气的几个小喽啰又得意起来。

眼见情势不妙，一旁观战的奇奇知道该自己出马了，他大声喊道："翔龙，不要惊慌，看我的，我来对付他。"说着，他像出膛的炮弹一般冲了上来。

心慌的翔龙正要逃开，一听奇奇的喊声心想不错，奇奇对付这呛人的泥沙很有办法，于是他停住脚步在一边为奇奇加油。

只见奇奇冲到对眼的前边叫道："臭海盗，休要猖狂，看你奇奇小爷来破你的飞沙走石大法。"说着，只见奇奇摆出了冲刷沉船上淤泥的姿势——侧着身子猛烈地左右摆动尾巴，一股强劲的水流向着对眼冲了过去，不仅立刻阻挡了汹涌而来的泥沙水雾，还让它们掉头反而卷向了对手。

3个不走运的小喽啰瞬间就被呛人的泥沙水雾包围了。"喀喀喀……"一连串的剧烈咳嗽声从泥沙水雾里传了出来，紧接着就是小喽啰们扯着脖子喊救命的哀号声。

"哈哈哈——这就叫害人不成反害己啊。"翔龙一看奇奇给自己报了仇，开心地在一边拍手叫好。

对眼一看傻了眼，趁着他愣神的机会，奇奇发动了闪电般的攻击，只见他低着头利用自己脑袋前端尖尖的"武器"，一下就把像一块圆地毯贴在地上的对眼挑翻了过来，露出了花花的肚皮。

这可是一个千载难逢的机会，观战的翔龙立刻施展自己在白沙地上曾经表演过的"海底沙上飘"轻功，闪电般来到了对眼面前，然后再施展自己的独门秘技"美男小海龟中华无影腿"，一连串漂亮的连续踢腿向对眼白花花的肚皮踢去，把对眼踢得像一块烂棉絮似的连着翻了好几个跟头，才一个狗吃屎跌趴在船舱外的地上了。

翔龙还不放过对眼，他一个敏捷的纵身，一屁股坐

在了对眼肉墩墩的扁平身子上,软软的,感觉就像一个超级舒服的大肉垫。"啊——真舒服啊,真想美美地睡一觉。"他惬意地伸了一个懒腰道。

"快放开我。"对眼觉得自己一个堂堂的海蛇帮头领被一只无名的小海龟坐在屁股底下,简直是奇耻大辱,他拼命地挣扎,想摆脱翔龙,可是翔龙死死地压着他,他挣扎了半天根本是白费力气。

"叫你不老实。"翔龙见对眼还在挣扎,来了脾气,他重重地在他身上来了两个屁股墩,坐得这小子哭爹喊娘的。

"救命啊!"对眼扯着嗓子喊道。

3个小喽啰一看不好,正想上来救他们的老大,奇奇气势汹汹地在前边一拦,把头一低对准了他们,那意思是谁过来我撞谁,吓得这3个家伙立马不敢上前了。

亲如家人的泰国大象

如果说养一只大象作为宠物,你觉得怎么样?在泰

国,这是很平常的事。现在泰国总共有 7000 多头亚洲象,其中 4000 多头由人工饲养,其中多数都是由普通的泰国家庭喂养的。在这些家庭中,被饲养的大象是他们重要的家庭成员,并且得到了良好的照顾和尊重。

海蛇的毒液有多毒?

说到毒蛇,有一种毒性强烈的蛇是我们大家所不熟悉的,这就是生活在海里的海蛇。海蛇属于蛇目眼镜蛇科的一个亚科,从生物学的角度来说,它和陆生的眼镜蛇具有亲缘关系,反映到身体构造上,比如它们都是具有前沟牙的毒蛇。但是海蛇和陆生蛇类也有明显外表上的不同,最大的区别就是它们的尾巴不像陆生蛇类那样细长如鞭,而是侧扁如桨,这样在海中游动时,可以像船橹一样左右拨水前进。

和陆生蛇有许多是无毒的不同,世界上总共约有 50 种海蛇,它们全部都是剧毒蛇。它们一般体长在 2 米左右,多数身上都有多达 60 到 80 个黑色环带。海蛇分布很广,几乎世界各地都有它们的身影,但是要特别说明的是，在大西洋中是没有海蛇的。

海蛇的毒液是世界上毒性最强的。据科学研究，钩嘴海蛇的毒性相当于眼镜蛇毒性的2倍，是氰化钠毒性的80倍，如果被它们咬中，在几个小时或者几天内就会死亡。虽然海蛇很毒，但是它们依然有天敌——比如海鹰，一旦看见海蛇在海面上游动，海鹰就会从空中迅疾俯冲而下，抓起一条后就远走高飞慢慢享用去了。

海蛇还有一个很好玩的习性，就是喜欢集群活动，常常成千上万条海蛇会聚集在一起漂游，数量多时会达上百万条。据报道，在马六甲海峡就曾经出现过一次海蛇们的大聚会——海蛇们排了约60海里长的一字长蛇阵，队伍井井有条浩浩荡荡，场面令人叹为观止，蔚为壮观。

十一、陷入绝境

就在场面一片混乱的时候,只见一大群影子向这边游来,听见吵嚷,一个声音高声问道:"喂——那边是怎么回事?"

糟糕!一听问话声,翔龙和奇奇就知道是对眼的同伙来了,他俩对视了一下,准备开溜。

一听是自己的同伙来了,本来有些腿肚子发软的3个小喽啰又来了精神:"快放开我们的老大,要不然等我们的援兵一到,哼哼——"3个小海盗猖狂得不得了。

对眼也看到了希望,他被翔龙沉重的身子压得快要喘不过气了,只能憋着嗓子喊道:"是海蛇帮的弟兄们吗?我是对眼,快来救救我——"喊到最后他拖着长音,感觉好像要唱大戏似的。

听说是对眼,远处立刻有了回应:"是对眼老弟啊,谁吃了熊心豹子胆敢欺负我对眼老弟啊,看你肉头哥哥来给你报仇。"听说话的口气,是海盗们的另一个头领海鳗肉头来了。

听说是海鳗肉头来了,对眼好像异国他乡遇到了亲人:"肉头老兄,快来救我,兄长要是再来晚点,小弟我命休矣——"对眼可能是被翔龙压得昏了头,文绉绉的秀才腔都出来了,听着莫名的搞笑。

说话间,队伍已经出现在了翔龙和奇奇的视野中,领头的果然是凶猛的海鳗肉头,身后跟着一大群黑压压的小喽啰,足有二三十个之多。

"奇奇,快跑。"翔龙一看情况不妙,赶紧招呼奇奇逃跑。海鳗肉头可不像比目鱼对眼这么好对付,他身强体壮,还有一口锋利的尖牙,随便一口,可都够受的,再加上还有那么多爪牙,无论如何他俩都不是对手。

奇奇也看出了危险,他二话不说,掉头就跟在翔龙的身后跑了起来。

海盗肉头一伙来得挺快,等他们来到近前,对眼已经被手下的小喽啰们从烂泥地里搀扶了出来,一见肉头,他就哭诉开了,委屈得像个在外面吃了亏回家找父母寻求安慰的小孩,他真是从来没有觉得肉头这么亲,连脑袋上平时觉得扎眼又难看的肉瘤都如同盛开的鲜花般顺眼。

"好啦对眼老弟,快说是谁欺负你的,哥哥我给你报仇。"肉头假装安慰对眼,实际他见对眼被揍得鼻青脸肿的惨样,心里早就乐开花了。因为离得远,再加上翔龙和奇奇机灵溜得快,他并没有看清这边的情况。

"就……就是帮主要抓的那两个小子。"对眼有些结巴,鼻孔处还挂着一串搞笑的鼻涕泡。

"什么!"海鳗肉头一听急了,把没有防备的对眼吓得一哆嗦,"就是那个讨厌的小海龟和大怪鱼?你怎么不早说啊,他们朝哪里逃了?"他怒气冲冲,口气中含着一丝责备。要知道大海蛇被奇奇撞了一个跟头,连嘴角都磕破了,在手下面前丢了好大的面子,恼羞成怒的他已经下了死命令,一定要抓住翔龙和奇奇,否则就要严惩肉头他们,你说肉头怎么能不紧张呢!

"我……我没看见,他俩逃走的时候我还在泥……泥……"对眼本来想说自己还在泥地里,可是又觉得这样说太丢脸了,就没有说下去。"你们看见没有?"不过一转脸他就气势汹汹地吓唬自己手下的3个小喽啰。

"老……老大,我们也没注意,当时我们都忙着上前搀扶您了。"3个小喽啰怕对眼怪罪他们,吓得一个个低头不敢看他。

"笨蛋,都是一群没用的废物。"肉头见在这么多人的眼皮底下还让翔龙和奇奇轻松地逃得无影无踪,实在有些气不打一处来,忍不住大声训斥道。

"回禀头领,我看见了,他俩从沉船这里向西边逃去了。"说话的是肉头手下的得力干将黑纹海蛇,这个家伙眼睛真是又贼又尖,他远远地就看见两个模糊的身影在沉船边一闪而过,向着西边游去了,虽然没有看得太清楚,但基本可以断定就是逃走的翔龙和奇奇。

"哦——那还愣着干什么,还不快追。"肉头见小喽啰们一个个都站在原地发愣,气不打一处来,他用有力的尾巴把旁边一个倒霉的小海蛇抽得摔了一个跟头,然后和对眼合兵一处率领着一群嗷嗷怪叫的爪牙们向着翔龙和奇奇逃走的方向追了过去。

这一幕都被躲在暗处的小猪鱿鱼和烛光鱼看在了眼里,他俩在心里一个劲祈祷,希望海神保佑,不要让他们的朋友被海盗们抓住。

虽然翔龙和奇奇抢先跑了一步,不过海盗们对地形显然更熟悉,仗着这个有利优势,追赶了一段距离后,眼尖的黑纹海蛇忽然喊道:"快看,他们在那儿。"顺着这个讨厌鬼指示的方向,果然前方幽蓝的海水中有两个身影在快速游动,正是翔龙和奇奇。

"哈哈——终于被我追到了,这次看你们还往哪里逃。"海鳗肉头很得意,咧着大嘴在后面乐开了。

"快停住,不听命令抓住罪加一等。"

"对,直接大卸八块。"

……

狗仗人势的小喽啰们又猖狂起来,一个个在后面鬼哭狼嚎地让翔龙和奇奇赶快投降。

　　翔龙和奇奇见海盗们追上来了，心里不由得有些惊慌，现在他俩都有些后悔，不该在沉船和暗洞里耽误太多的时间。

　　"翔龙，现在该怎么办啊？"眼见海盗们越追越近，奇奇有些沉不住气了。

　　"嗯——让我想想。"翔龙答道，不过现在他又能有什么好办法呢。

　　这个时候前方出现了两道分叉的海沟，它们几乎并排向前延伸，但是中间有一道高高隆起的土垄阻隔，让两道海沟成了两个单独的世界。

　　看见独特的地形，正在想对策的翔龙眼睛忽然一亮。"我有办法了，"他指着两道海沟道，"我们各自沿着一道海沟分头跑，这样可以分散敌人，然后再在前边会合，你看怎么样？"他扭头征询奇奇的意见。

　　"那好，就这么办，记住到前边会合哦。"追兵越逼越近，奇奇来不及多想，带头冲入左边的海沟，翔龙也紧跟着进入了右边的海沟。

　　"老大，他俩分开跑了。"又是眼尖的黑纹海蛇首先看见了翔龙和奇奇的行动，他赶紧报告道。

　　"别慌，我来看看。"这会儿肉头好像一个威风的大将军，他一边上前查看地形，心里一边暗骂翔龙和

奇奇狡猾。

看了一会儿他忽然笑了:"哈哈——这是他俩自己找死,可怨不得别人。"

对眼和其他小喽啰都不明白,对眼上前一步问道:"肉头老兄,何出此言啊?"

肉头像个观敌料阵的统帅一样指着面前的两道海沟道:"老弟有所不知,这两道海沟看着好像是并排向前的,可是到前边就有许多岔路,到时候他俩肯定自己就乱了,这不正好方便我们分头抓捕嘛!"在他看来,分开行动的翔龙和奇奇更有利于他们的追捕。

"对对对,肉头老兄真是高见。"现在对眼有求于肉头给他报仇,不得不觍着脸使劲拍马屁。

"对眼老弟,你我各带一帮弟兄沿着海沟前去追捕,你看怎样?"肉头很得意,也不客气地发号起施令来。

对眼一听又让他单独行动,他偷看了一眼黑漆漆的海沟,立马矮了小半截,被翔龙屁股坐疼的后背不禁又隐隐作痛起来。

"那……那我沿着左边的海沟追吧。"犹豫了半天,对眼见肉头正用鄙视的目光斜眼看着他,只好硬着头皮答应了。别真的以为这家伙眼神不济,他是看见了奇奇进入了这边的海沟,所以就想挑个好对付点的下手。

商议妥当的海盗们像两群被惊动离巢的马蜂似的，嗡嗡嗡地就顺着两道海沟追了出去。

再说分开行动的翔龙和奇奇，果然被海鳗肉头说中了，他俩前进了没多远，各自的道路前方都先后出现了岔路，这让不熟悉环境的翔龙和奇奇都不由得有些慌乱。

好在奇奇很是聪明，他当机立断，离开自己的海沟越过中间高高的土垄进入了翔龙的一侧，他这样做的目的是想早点和翔龙会合，免得道路不熟跑散了。可是等来到翔龙这边没游多远，他又傻眼了，因为呈现在他眼前的也是好几条岔路，而翔龙早就不见了踪影。

"翔龙——你在哪儿啊？"奇奇焦急地一边小声呼唤同伴，一边小心地不时回头观看海盗们是否追来了。

可是喊了半天，翔龙一点回应都没有，这时海盗们的喊声越来越近，这让本来就心慌的奇奇更加慌乱起来。

"头领快看，前边有一个逃犯的身影。"远远地传来一个海盗兴奋的叫声，是特别积极的黑纹海蛇。

"哈哈——快追，先抓住一个再说，另外一个也逃不了啦。"紧接着是海鳗肉头刺耳的粗门大嗓。

马六甲海峡的海盗

奇奇一看不好,也顾不上再找翔龙了,看准面前一条特别阴暗的海沟,没有丝毫犹豫就一头扎了进去。

"快追,小怪鱼跑到暗沟里去了。"肉头在后面大声嚷嚷,指挥着小喽啰们加速追赶。

要说海鳗肉头这家伙,头领也不是白当的,不仅狡猾,还有些谋略,仗着熟悉地形,他把小喽啰们分成两拨,一拨跟在奇奇后面继续追赶,另一拨他亲自带领,准备抄另一条近路从前边包抄,把奇奇堵在海沟里。

不得不说肉头这条计策很毒辣,他果然赶在了前边,在一个岔路口,等奇奇刚一露面,他就猛地跳了出来拦在路中央得意地奸笑道:"长胡子的小怪鱼,乖乖投降吧,嘿嘿嘿……"

正在全力逃跑的奇奇被忽然出现在前方的海鳗肉头吓得一哆嗦,收步不及的他差一点就一头钻到对方的怀里了,他赶紧停步恐吓道:"臭海盗,快让开路,不然我一头把你撞个跟头。"虽然嘴上这么说,但是前有堵截后有追兵,说这话一点底气都没有。

老谋深算的肉头当然看出了奇奇心里的慌张,他嘿嘿一阵冷笑道:"小怪鱼,有本事你就来撞啊,当心我一口咬死你。"说着他张开满口尖利白牙的大嘴,不断发出"嘶嘶"恫吓的声音。

奇奇被肉头的血盆大口吓得后退了好几步，面对步步紧逼的肉头和追赶上来的海盗小喽啰们，势单力孤的奇奇惊慌得步步后退，一直被逼到了沟边的拐角。

"哈哈——老大，小怪鱼已经无路可逃了，果然老大你一出马就马到成功啊。"善于拍马逢迎的黑纹海蛇满脸谄笑地讨好道。

"哼哼——那是，我是谁啊，可不像某些废物点心，一点用都没有。"肉头说这话明显是讽刺对眼的，幸好他没有听到，否则要直接被气死翻白肚皮了。

"快投降吧小怪鱼，不要让大爷我费事亲自动手。"肉头恶狠狠盯着缩在墙角的奇奇，满眼凶光，那模样能一口把奇奇吞了。

面对团团包围的海盗们，奇奇使出了最后的一招，他大声喊道："翔龙——快来救我——"这是他最后的指望了，如果翔龙再不出现的话，只怕他就要成为凶残海盗们的俘虏了，可能这辈子和翔龙都见不到了。

"哈哈——小怪鱼，你使劲叫吧，叫破喉咙也不会有人来救你的，你的同伴要是敢来，正好我们一块儿抓了，省得大爷我费事。"肉头信心满满，好像奇奇和翔龙都已经是他的囊中之物了。

有趣的大象节

显然,大象节是专门给大象举办的节日,一定也在最喜爱大象的国家——泰国。每年11月的第3个周末,是泰国素辇府举办的富有传统特色的节日——泰国大象节,这天大象们都会被主人盛装打扮,披上彩带、盖布,挂上小铃铛,进行游行、大象舞蹈比赛等活动。

现实中海鳗和海蛇谁更厉害?

书里的海鳗肉头和海蛇帮帮主大海蛇简直是一对欢喜冤家,不过它俩到底在现实生活中谁更厉害一些,可能许多小朋友都比较感兴趣,下面我们就以一档很有趣的栏目《猛兽大对决》的方式,从它俩的身长、体重、力量等方面逐一进行分析,看看谁会是最后的胜利者。

首先来看体长。一般海鳗的体长在0.5米到1.5米，大的可长到2米左右，而海蛇多数在1.5米到2米之间，所以从长度来说，似乎海蛇要更胜一筹。

再来看看体重。海鳗一般质量在1千克至1.5千克之间，但不同品种的海鳗个体差异比较大。同理，海蛇因为品种的不同，体重也有显著的差异。但从体形来说，海鳗属于扁圆形，显得特别粗壮，而海蛇为细条形，所以虽然海蛇们体长比海鳗略长，但是在体重方面基本是势均力敌，大家算是平手。

在力量方面，海鳗向来以凶猛而著称，它们动作迅疾而攻击猛烈，往往在猎物做出反应之前它们已经一口制敌，而海蛇以剧毒来制服猎物，显然在这一环节海蛇要略占上风了。

如果单从纸面实力来分析，似乎海蛇会在这场比较中胜出，但是大自然的魔力就在于你可以看到开头，却难以猜中结果：如果海鳗先发制人，用自己可怕的巨口一口咬中海蛇的要害，让它无法使用自己毒牙的话，谁是最后的胜利者还真是难以预测呢。

十二、胜利大逃亡

面对对手的嘲讽，奇奇没有放弃，他继续大声叫道："翔龙——翔龙——"

就在奇奇快要绝望的时候，一个熟悉的声音在高耸的土垄上响起："奇奇不要害怕，我来了。"

骤然响起的喊声把海沟里的海盗都吓了一跳，顺着喊声望去，只见翔龙熟悉的身影从土垄上跳了下来，游到了奇奇身边。

"翔龙，我到这边找你，可是找不到，我还以为我们走散了。"看到翔龙的出现，奇奇高兴坏了，赶紧诉说别后的情景。

翔龙也简短诉说了别后的经历，原来他发现前方的岔路后，也做了和奇奇同样的决定，到土垄对面去找奇奇，结果就这样走岔了。心里着急的他沿着土垄搜索，正好听见了奇奇求救的喊声，这才及时赶到。

见翔龙和奇奇旁若无人地说话，完全把他们当成了空气，海盗们不乐意了，黑纹海蛇斥责道："呔——两个不知死活的逃犯，一会儿在黄泉路上慢慢叙旧也不迟。"

黑纹海蛇的话让翔龙和奇奇回到了严酷的现实中,他俩打量了一下团团包围在身边的海盗们,立刻发起愁来,是啊,可怎么摆脱这些阴魂不散的瘟神呢?

"翔龙,现在可怎么办啊?"奇奇依赖地看着翔龙。

"让我想想,要是能让这些坏蛋自己打起来就好了。"翔龙眉头紧锁,下意识地说了一句,海盗们这么多,只有他们自己乱起来他和奇奇才有机会逃脱。

翔龙的话让奇奇眼睛一亮,他忽然想起了海蛇娘和他们说的有关海鳗肉头和大海蛇之间的秘密,也许这个可以利用一下。

"翔龙,你记不记得老婆婆和我们说的秘密?"他压低声音偷偷地说道。

翔龙正要回答,肉头见他俩鬼鬼祟祟的,怕这两个小子又在想什么主意,警惕道:"磨蹭什么呢,你肉头大爷的耐心可是有限的。"

翔龙为了争取商议的时间,他很有气势地挺胸叉腰道:"怎么,不能说说话呀,你们要是强来,我立刻把地图撕碎,让你们交不了差。"他说得很坚决,一副誓死拼到底的架势。

真是横的怕不要命的,肉头就怕他俩来这一招,只好妥协道:"那你们快点说,大爷我可没有那么好的耐性。"

翔龙见自己这招果然管用，不由心里暗笑，他抓紧时间低声和奇奇说道："记得啊，可这管什么用呢？"他一时还没有明白奇奇的用意。

"我们可以制造肉头和大海蛇之间的矛盾啊，这样我们就有机会逃跑了，如果让这两个家伙打起来，那就更好了。"聪明的奇奇说出了自己的想法，他使用的可是三十六计里很厉害的一招——离间计呢。

"嘿嘿，你这招太厉害了，好，就这么办。"翔龙一下就明白了，他觉得平时看起来很老实的奇奇有时候也是蔫坏蔫坏的。

翔龙和奇奇诡异的笑容让海鳗肉头心里直发毛，他催促道："嘿——两个小家伙，话说完没有，再不走大爷我可要使用武力啦。"

"好啦，赖皮海蛇，急什么，我们这就说完了。"翔龙见肉头有些着急了，赶紧安抚对方，同时他故意说错了肉头的身份。

果然肉头一听就急眼了。"不开眼的小海龟，"他愤愤不平地骂道，"什么眼神，你看清楚了，你肉头大爷我是海鳗，不是海蛇。"他向来以自己是一条威猛的海鳗为荣，这时见翔龙把他说成是海蛇，气得鼻孔直冒烟。

"你真的不是海蛇？"翔龙把眼睛瞪得大大的，故意装出一副惊诧的样子。

"当然不是海蛇。"肉头不明白翔龙忽然说这话的用意，但急于要证明自己的身份，他赶紧回道，殊不知自己正一步步落入翔龙和奇奇给他精心布下的陷阱。

"嘻嘻——这真是太搞笑了，"翔龙故意笑得前仰后合的，好像听到了天底下最搞笑的笑话，他扭头问奇奇道，"你相信他真的是一条英雄威风的海鳗而不是一条赖皮海蛇吗？那我就不明白了，他干吗整天混在一帮赖皮海蛇里给别人当奴才使唤呢？"翔龙有意把话说得很难听，这样才会达到刺激海鳗肉头的效果。

奇奇会意，他立刻接话添油加醋道："是啊，我怎么看都觉得他是一条可怜的赖皮海蛇，你看看他在大海蛇面前腿肚子发抖的那副怂包样，真是太可怜了——你可千万不要侮辱了海鳗这个名号，海鳗家族的人多英勇啊，你要再往脸上贴金说自己是海鳗，简直就是丢了海鳗家族的脸。"没想到奇奇的嘴巴这么厉害，只见他小嘴一个劲吧嗒，有些小喽啰已经开始在一边嘀咕，说头领确实在帮主面前乖得像只宠物，连个屁都不敢大声放。

这些话随着海浪都涌进了肉头的耳中，他的脸上好像调色板一样，红一块紫一块，恨不得找个地缝钻进去，虽然他不愿承认，但是大家说的都是事实，也是他心灵深处最不愿触摸的一块伤疤。

翔龙注意到了肉头表情的变化，他决定再添上一把火，故意很神秘地压低嗓门但又用可以让肉头听见的声音说道："你记不记得海蛇娘和我们说的一个关于海鳗不怕海蛇毒牙的秘密啊？"

奇奇会意，立刻接话道："嘘——这个秘密老婆婆可只告诉了我们俩，还特地叮嘱不要让外人知道，尤其是海鳗家族的，要不然他们以后就不怕海蛇了。"海鳗肉头侧耳细听，要知道这可是他最关心的事情，这些年他之所以死心塌地听命于大海蛇，就是因为大海蛇总是恐吓他，如果不听话，就用自己的毒牙一口咬死他。

翔龙和奇奇的对话一字不漏地进入他的耳中，开始他对他俩说的有点怀疑，但是转念一想，他们说的肯定是真的，因为如果不是海蛇娘亲口告诉他俩的，翔龙和奇奇是不可能知道这个秘密的，而对于海蛇娘的本事，他向来都是十分敬佩。

这会儿再看海鳗肉头的脸色，简直是紫中带黑啊——他这完全是气的，这些年一直被大海蛇当孙子使唤，简直一点尊严都没有了。

小喽啰们都看出了头领的脸色，他们知道肉头现

马六甲海峡的海盗

在就是一个超级炸药桶，谁要是惹了他立刻就会被炸个粉身碎骨，所以都知趣地躲得远远的，连平时最忠心的黑纹海蛇也乖乖地躲到了一边。

这一切翔龙和奇奇都看在了眼里，他俩偷笑着对视了一眼——计策已经成功了一大半，现在就等着好戏开场了。

在这紧要的关头，最让人期待的主角——大海蛇适时登场了。他一个人待在礁石下的大石缝里等消息，可是等了半天连个报信儿的都没有，心里很不满的他决定亲自出马，看是否是手下在偷懒糊弄他。

说来真是很凑巧，大海蛇正好就来到了海沟这里，等他在土垄上居高临下看清肉头带着一大帮小喽啰站着发愣，而让他恨得咬牙切齿的翔龙和奇奇就在对面时，他简直怒不可遏，气冲冲地就从土垄上扭动着肥胖的身子游了下来。

"肉头，你竟然敢违抗我的命令，为什么不抓住两个小混蛋？"向来强势惯了的大海蛇下来就用有力的尾巴抽打了海鳗肉头一下，差点把他扫得摔了一个跟头。要知道肉头在他的眼里就是一条听话的走狗，他也从来没有把这个脓包放在眼里。

大海蛇的忽然现身把在场的所有人都吓了一大

跳,翔龙和奇奇一看主角登场了,他俩互相丢了一个眼色悄悄往旁边挪了几步,一旦等到机会就立刻开溜。

肉头被这突如其来的一下子打蒙了,等他看清是大海蛇时,开始习惯性地有些害怕,正想低头哈腰讨好,可是转念一想,现在还有什么好怕的,于是一挺本来准备弯曲的腰身质问道:"你为什么打我?"

大海蛇没想到一向温顺的肉头竟然敢质问自

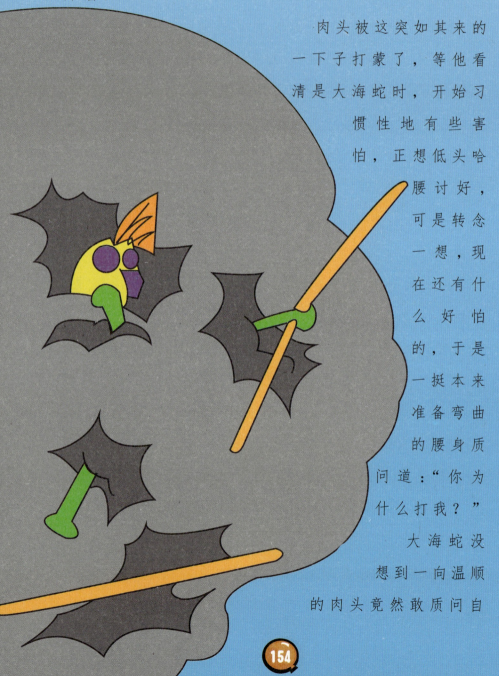

己，恼怒之中他故技重施道："什么，你竟然敢顶撞我，当心我用毒牙一口咬死你。"

他不这么说还好，一听这话，多年为人奴才的屈辱，各种新仇旧恨一起涌上海鳗肉头的心头，他眼中冒着怒火把脖子一梗道："我就顶撞你了，我不会再听从你的号令了。"这些话他憋了很多年，说完觉得心里痛快极了。

大海蛇被气晕了，他面目狰狞地大叫道："反了反了，看我怎么教训你。"说着，他张开大口，露出满嘴瘆人的毒牙，饿狼一般向海鳗肉头扑了过去，准备好好教训一下这个不知天高地厚的家伙。

事已至此，肉头已经毫无退路，他毫不示弱地冲了上去，顿时只见他们俩缠斗在了一起。

"我毒死你。"大海蛇气势汹汹。

"我咬死你。"海鳗肉头张着大嘴也不示弱。

翔龙和奇奇要的正是这样的结果,趁着双方打得天昏地暗不可开交的时候,翔龙朝奇奇使了一个眼色,奇奇会意,两人像离弦的箭般冲出了海沟,向着西边出口的方向游去。

"帮……帮主,老……老大,两个逃犯逃……逃走了。"翔龙和奇奇的行动又被狡黠的黑纹海蛇看见了,他赶紧汇报,可是正肉搏的大海蛇和海鳗肉头哪还会有闲心管这些鸡毛蒜皮的小事啊——他俩现在的头等大事就是把对方咬死才解心中的这股恶气。

打得正激烈的时候比目鱼对眼率领着另外一帮小喽啰也来了,他一看眼前的情景,立刻就傻眼了。等他了解了事情的原委,向来只会咋呼的他急得在原地来回兜圈子,半天也没想出解决的办法。

这场架一直打到双方都没了力气,只见大海蛇和肉头都像一摊烂泥似的躺在地上,张着大嘴一个劲喘气。再看他俩的模样,都够惨的,两个人的身上到处都是被撕咬的口子,皮开肉绽,似乎谁都没占到对方的便宜。

经过这么一番激烈的较量,双方对彼此都有了新的认识:海鳗肉头发现海蛇娘说的果然是真的——大海蛇的毒牙虽然厉害,但除了让自己有些头晕眼花外根本不会毙命，而大海蛇也发现，肉头这家伙果然身大力不亏，力气真是比自己大多了，被他压在身下的时候差点把自己压断了气。

最终两个臭味相投的家伙决定和解，肉头接受了大海蛇提出的建议：他当海蛇帮大帮主，海鳗肉头当二帮主，从此弟兄二人共同统治马六甲海峡。

重新团结起来的海蛇帮在两位帮主的带领下继续追赶翔龙和奇奇，不过这个时候他俩已经跑了很久了，能不能追上只能看运气了。

再说奇奇和翔龙，离开海沟后他俩像两匹脱缰的野马一般向着西边狂奔，连头都没有回。开始挺顺利，可是走到一个分叉的海湾时两人都有些犹豫，不知道该走哪边的水道，要知道如果这个时候再犯方向性错误，可能就是致命的——如果再让海蛇帮的家伙追上来，他俩可能不会再有逃脱的机会了。

就在两人犹豫不决的时候，前边岩石后边一个花花的身影一闪，一个长得很粗壮的中年海蛇出现在他俩的面前。

"啊——海盗。"奇奇惊叫起来，他下意识地扭头回看了一眼，还以为后边的海盗们抄近路赶上来了。

"别害怕，我不是海盗——不是所有海峡里的海蛇都是海蛇帮的海盗。"中年海蛇怕他俩误会，赶紧解释。

"那你这是……"听对方说自己不是海盗,两人都长长松了一口气。

"你们是不是被海盗们追赶得迷路了?我来给你们带路。"中年海蛇很热情地说道。

这真是太好了,简直是及时雨啊,翔龙和奇奇一听大喜,奇奇立刻道:"我们想去印度洋旅游,请问你可以给我们带路吗?"

"印度洋?没问题,从这边的水道径直向前就到了。"中年海蛇很干脆地就答应了,他转身在前边带路,翔龙和奇奇立刻紧紧跟上。

怕翔龙和奇奇再次迷路,中年海蛇还特地送了他俩一程,在路上翔龙和奇奇了解到,中年海蛇也是海峡的老居民,不过他一直很善良,根本看不惯为非作歹的海盗们的行径,为此还拒绝了好几次海蛇帮的小喽啰让他入伙的邀请呢。

"你可真勇敢。"翔龙和奇奇都对中年海蛇很佩服。

"勇敢什么啊,因为这个得罪了这些家伙,他们不敢找我麻烦,就仗着人多势众欺负我的儿子,我当然要给他们点厉害瞧瞧了,要不然还怎么给人家当爸爸啊。"中年海蛇还挺幽默,说得翔龙和奇奇都笑了。

路见不平拔刀相助的中年海蛇一直把翔龙和奇奇

送到不会再走错路的地方才回去,再往前走一段路,就可以穿过马六甲海峡了。

"哈——终于摆脱这些讨厌的海盗了,真开心啊。"奇奇兴奋地叫道,一连在湛蓝的海水中翻了3个跟头。

"嘿——按照地图的指示,前面就是印度洋了,真是好期待啊。"一想到浩瀚的印度洋,翔龙也激动起来。

可是他俩有点高兴得太早了,就在一望无际的印度洋快要到了的时候,后面忽然传来一阵嘈杂的叫嚷声:

"帮主,快看,他们在那儿——"

"快追,给我抓住这两个小家伙,我要给我的祖先报仇——"

……

翔龙和奇奇都下意识地回头,这一看可不得了了,只见大海蛇、海鳗肉头、比目鱼对眼以及一大群小喽啰,黑压压的一大片,正像一股黑风一般朝他们追来。

"奇奇,快跑。"翔龙一看就明白了,肯定是受了离间的海盗们反应过来重新和好了,好在印度洋就在前方,他俩也不用害怕他们了。

虽然海盗们拼命追赶,可是他们还是没有追上翔龙和奇奇,眼睁睁地看着他俩进入了印度洋,大海蛇

命令停止追击,因为前面已经不是他的地盘了。

"真可惜,就这么让他俩逃了。"升为二帮主的海鳗肉头为大海蛇不能为祖先报仇感到惋惜,他现在和大海蛇可亲热了。

"哼哼哼……"大海蛇看着翔龙和奇奇渐渐远去的身影一阵冷笑,"他们跑是跑了,不过能不能顺利通过锤头鲨们的死亡之舞地盘可就不一定了——他俩就等着葬身鲨口吧。"说完又是一阵冷酷的笑声。

奇奇和翔龙见海盗们忽然不追了,都很高兴,终于摆脱了凶恶的海盗,顺利通过了马六甲海峡,可以继续跟着大英雄郑和的脚步环球旅行了。可是前方真的像大海蛇说的那样,他们会遇到新的危险吗?

马六甲海峡之畔的狮城

在马六甲海峡的南口,有一个小而美丽的国家,这就是被称为狮城的新加坡。在14世纪的时候，苏门答腊的一位王子乘船前往小岛环游，看见岸边有一头异兽在走动，当地人告诉他是狮子，王子认为这是一个好兆头。于是决定在狮子待过的地方建造一座城市，这就是狮城的由来。

谁是真正的海盗？

最后我们依然来做个有趣的游戏——大家都来抓海盗。话说郑和的船队击溃海盗们后，大海盗头子陈祖义一个得力的手下趁乱跑了。这个家伙心狠手辣，无恶不作，是个十恶不赦的坏蛋，所以郑和下令，一定要抓到这个海盗小头目。

郑和手下一个能干的将军领命出发了，他带人一路追踪，从海上追到了岸上，结果屡次被狡猾的海盗小头目逃脱。这个狡猾的家伙很有心计，他并没有逃往人烟稀少的地方，反而混入了人口众多的一个鱼市，隐藏于一群渔夫之中。虽然大家都知道他是海盗，恨透了他，可是怕他逃脱后报复家人，所以大家都无

海上丝绸之路大冒险

奈地保持了沉默。

　　追击的将军也知道海盗小头目就躲藏在众多的渔夫之中，可是他和手下的士兵谁都没见过他的真容，当地的渔夫们畏惧海盗又不敢举报，一时真是难住了将军。好在将军很聪明，他很快想到了一个计策，然后让士兵把所有的渔民都集中到一起排成一队。将军只用一句话就让海盗小头目现了形，那么你知道将军说了一句什么话吗？

答案：

　　实际将军的方法并不复杂，他利用了人们下意识的心理反应，说了句："可恶的海盗，你的鞋子穿反了。"结果所有的渔夫都不由自主地看向一个人的脚——自然这个家伙就是要追捕的海盗小头目了。